돌아오지 못한 해병

채 상병 사건 수사의 진실

구용회 지음

돌아오지 못한 해병

메디치

책을 펴내며

쪽빛 하늘이 빛나던 지난 늦가을 어느 날 인천 개항장 거리를 찾았다. 신포국제시장 맞은편 언덕배기에는 아담한 답동성당이 하늘 높이 솟아 있다. 1897년 세워진 인천 최초의 천주교 성당인 이곳의 역사박물관에서 박순집 베드로를 처음 알게 됐다. 가톨릭에 몸담았던 그는 1866년 병인박해 당시 신자들의 순교 장면을 직접 목격한 훈련도감 군인이었다. 박해가 철회된 후에는 순교자들의 행적을 찾아 나섰으며, 자신이 보고 들은 그들의 행적을 증언했다. 그의 이러한 진술 내용은 로베르 신부에 의해 필사되어 세 권의 《박순집 증언록》으로 남아 있다. 이들 증언록에는 순교자 153명의 행적이 적혀 있다. 그가 아니었다면 이들의 행적은 영원히 묻혔을 것이다.

박순집 베드로의 생애를 알게 되자 당시 내 관심의 대부분을 차지하고 있던 채 상병 사건이 떠올랐다. 그리고 만약 채 상병 사건에 관한 책을 쓰게 된다면 박순집 베드로의 정신으로 써야겠다고 다짐했다.

2023년 7월 19일 사망한 채 상병 사건의 진상은 현장 기자들의 활약 덕분에 대부분 밝혀졌다. 그러나 채 상병의 죽음은 박정훈 대령의 항명 사건과 연결되면서 또 다른 거대한 사건의 일부가 되었다. 각각의 사건을 다룬 언론 보도는 '팩트'에는 충실하지만, 이 두 사건은 단편적인 보도와 기사만으로는 전체를 통으로 이해하기 어려울 만큼 복잡하게 얽혀 있다. 두 사건을 연결하고 하나의 맥락으로 파악하고 있지 않으면 사건의 정확한 배경과 의미를 쉽게 알 수 없다. 그렇기에 채 상병 사건과 박정훈 대령의 항명 사건을 책으로 쓰겠다 결심한 이후 나는 이 이야기의 맥락을 어떻게 꿸 것인가 노심초사했다.

대한민국 대통령 윤석열은 "사람에게 충성하지 않는다"고 말했다. 제복 입은 해병대 대령은 "정직에 충성한다"고 선언했다. 이 군인의 선언은 과녁이 대통령실로 향한다. 이 책은 그 군인의 이야기다.

이 책은 '돌아오지 못한 해병'인 채수근 상병의 죽음에 대한 수사의 진실을 다루는 동시에 박정훈 대령의 항명 사건을 다룸으로써 '대통령의 격노'의 진실을 밝히고자 한다. 현재 박정훈 대령의 항명 사건은 현재 진행형이기에 어떻게 보면 미완의 책인 것이다. 그럼에도 이 책을 출간할 수 있었던 것은 박정훈 대령의 변호인인 김정민 변호사 덕분이다. 그가 아니었으면 출간은 언감생심이다.

나는 그처럼 열성적인 변호인을 지금껏 본 적이 없다. 이종섭 장관이 호주 대사로 부임해 한국을 떠나던 날, 그는 변호인의 업무가 아님에도 휴일 저녁 열린 출국 규탄 시위에 참석했다. 채 상병 사건의 진실을 반드시 규명하겠다는 의지가 있었기에 가능한 일이다. 그가 없었다면 박정훈도 흔들렸을지 모른

6

다. 나 또한 그렇다. 그저 감사할 따름이다.

민감한 시기에 이 책이 세상에 태어날 수 있었던 것은 메디치미디어 김현종 대표님 덕분이다. 원고를 잘 보듬어준 김 대표님과 편집부에 감사드린다. 특히 해병대 전우들과 박정훈 대령 동기들에게 고맙다는 말씀을 전한다.

2024년 6월

구용회

2부 VIP의 격노

3부 집단항명의 수괴 ——————————

4부 남겨진 미스터리 ━━━━━━━━━━

프롤로그

대통령은 왜 회피하는가

윤석열 대통령은 채 상병 사건과 관련된 자신의 격노설에 대해 한 번도 밝힌 적이 없다. 그러나 많은 사람이 '박정훈 수사단장 항명 사건'은 대통령의 격노에서 시작됐다고 믿고 있다. 여론조사에서 국민 67%가 채 상병 특검법에 찬성한다는 사실이 이를 증명한다. 그러나 대통령은 본인의 격노설에 대해 사건 발생 이후 1년이 다 가도록 단 한 번도 사실 여부를 확인해주지 않았다.

대통령에게 격노설에 대해 들을 기회가 2024년 5월 9일 처음으로 생겼다. 취임 2주년 기자회견에서였다.

기자 지난 5월 초 국회에서 특검법이 통과됐을 때 대통령실은 '죽음을 악용한 정치'라고 밝혔습니다. 이 사건의 경우, 대통령실 외압 의혹과 대통령이 질책했다는 의혹이 있습니다. 이에 대한 입장을 밝혀주십시오.

대통령 국군통수권자로 가슴 아픈 일입니다. 이런 사건 재발 방지와 명예 회복, 책임 소재를 가리기 위해 진상규명이 엄정하게 이뤄져야 합니다. 늘 저는 군과 소방관, 경찰에 먼저 자신들의 안전을 소중하게 생각하라고 합니다. 채 일병[1]의 순직 사고 소식을 듣고 국방장관에게 이렇게 질책했습니다. 저도 현장에 며칠 전에 다녀왔지만, 실종자를 수습하는 일인데 왜 무리하게 진행해 인명사고를 나게 하냐, 또 앞으로 여름이 있고 홍수, 태풍이 올 수 있는데 앞으로 대민 작전을 하더라도 이런 일이 절대 일어나선 안 된다고 질책성 당부를 한 적이 있습니다.

대통령 발언에서 '질책'이라는 단어가 두 번 나왔다. '질책'은 언론이 흔히 '격노'라고 말하는 단어의 다른 표현이다. 용산 출입기자는 틀림없이 2023년 7월 31일 월요일 오전 10시경 안보실 수석비서관회의에서 나왔다는 '대통령의 격노'의 진위를 물었을 것이다. 그러나 대통령은 '그 격노'에 대해 대답하지 않았다. 대신 채 상병이 순직하고 대통령이 엄정 수사를 지시한 7월 20일경의 '질책'을 얘기했다. 일부러 그랬는지는 알 수 없다. 간단한 사실 확인인데 그에 대한 답변을 듣지 못하고 1년의 허송세월이 지나고 있다.

대통령의 '격노'는 채 상병 사건 수사 외압 의혹과 박정훈 해병대 수사단장 항명 사건의 알파이자 오메가다. 채 상병 사건은 대통령의 격노를 꼭짓점으로 해서 피라미드처럼 모두 연결되어 있다. 그 실타래를 풀지 않으면 절대로 진실에 다가갈 수 없다.

1   고 채수근 상병은 사고 당시 일병이었으며, 순직 이후 상병으로 추서되었다. 이 책에서는 고 채수근 해병의 계급을 상병으로 통일했다.

역대 대통령 가운데 윤 대통령만큼 격노를 많이 한 분은 들어본 적이 없는 것 같다. 검사 시절부터 격노로 아주 유명하다. 본문에는 그날 대통령이 격노했다는 정황 증거만 7~8개가 등장한다. 박정훈 대령이 김계환 해병대 사령관으로부터 들었다는 격노 이야기는 너무 생생하고 구체적이다. 그럼에도 김 사령관과 군검찰은 "박 단장이 지어낸 망상"이라고 격노설을 덮었다.

윤석열 대통령은 명예훼손을 무겁게 생각하는 분이다. 윤석열 사단의 핵심인 서울중앙지검 반부패부에서 언론의 대통령 명예훼손 사건을 수사하는 것이 그 증표다. 그럼에도 대통령은 채 상병 사건에서 문제가 된 '격노'에 대해선 유독 어떤 대답이나 조치도 회피하고 있다.

대통령은 왜 이종섭 국방부 장관을 호주 대사로 임명해야 했을까? 대통령실이 왜 이첩 기록 회수에 관여했을까? 국방부 검찰단은 왜 제복 입은 해병대 대령을 집단항명의 수괴로 입건해야 했을까? 모든 것이 의문투성이다. 이 질문들은 대통령의 격노를 빼놓고는 연결되지 않는다.

이 모든 의문을 풀기 위해선 대통령이 한마디 말만 하면 된다. "이런 일로 사단장을 처벌하면 누가 대한민국에서 사단장을 하겠냐"는 말을 정말 했는지, 그 이야기를 듣고 싶다. 이것이야말로 국민이 특검을 통해 답을 듣고 싶은 본질적 질문이다.

박정훈 대령은 왜 싸우는가

박정훈 해병대 수사단장은 현역 대령이다. 해군사관학교 출신이 주요 보직을 독점하는 해병대에서 비(非)해사 출신으로는 드물게 해병대 군사경찰의 최선임 보직인 병과장에 올랐다. 해병대에 대한 충성이 입증되지 않으면 불가능한 일이다. 박 단장은 채 상병 사건 기록 이첩 보류 지시가 내려진 배경에 대통령의 격노가 있다는 사실을 해병대 사령관에게 들었지만, 자신이 집단항명의 수괴가 되리라고는 상상도 하지 못했을 것이다.

중앙지역군사법원에서 영장이 기각된 이후부터 박 단장을 직접 만나고 싶었다. 그러나 현역 군인 신분의 피의자이자, 그것도 항명 사건이라는 중범죄의 피고인을 만나는 일은 쉽지 않았다. 그리고 그의 방어권을 훼손해선 안 될 일이었다. 군 사법체계는 민간 사법체계보다 피의자에게 훨씬 더 불리하다.

박 단장을 처음으로 직접 만난 것은 2024년 1월 중순경 고려대 '고대민주동우상' 시상식 자리에서였다. 박정훈 단장은 동작이 크지 않은 군인이었다. 사람들이 궁금해서 몇 가지 물었지만 움직임이 없는 자세로 미소를 띠며 질문에 거의 대답하지 않았다. 누군가 "집단항명수괴라는 말을 들었을 때 충격이 어땠나요?"라고 물었다. 박 단장은 한참 망설이더니 "멘탈 붕괴였지요"라고 말하고 입을 꾹 닫았다. 그 뒤로도 그를 두어 차례 더 봤지만 나는 아무것도 묻지 않았다.

박 단장은 왜 싸우는 것일까. 대통령과 싸운다는 사실을 알면서도 왜 계속 싸우는 것일까. 이 책을 쓴 핵심적인 질문이다.

박정훈 단장은 채 상병의 시신 앞에서 "너의 죽음에 억울함이 남지 않도록 철저히 조사하고 다시는 이런 일이 일어나지 않도록 하겠다"고 다짐했다.

박 단장은 재판에 열심히 출석하고는 있지만 엄청난 스트레스 속에서 지내고 있을 것이다. 28년간 제복을 입었던 군인의 명예와 존엄이 집단항명수괴라는 혐의 앞에서 무너졌기 때문이다. 유죄가 선고되면 반란범이나 다를 바 없다. 박 단장은 외상 후 스트레스를 치료하고 정확한 기억도 끄집어낼 겸 심리치료를 정기적으로 받고 있다고 한다. 한번은 최면 치료 중 채 상병의 시신을 떠올리도록 했더니 그 순간 펑펑 울면서 "너의 억울한 죽음의 책임자를 반드시 처벌하겠다"고 말했다고 한다. 박 단장의 마음속에는 책임자를 반드시 처벌하겠다는 '깊은 분노'가 자리 잡고 있었던 것이다.

박정훈 단장의 동료 부하들은 "사령관 말이라면 무조건 충성하던 박 대령이 채 상병 사건에서 유독 비타협적이었다"고 말한다. 박 단장은 채 상병 사건 이첩을 두고 2박 3일간 김계환 사령관과 함께 고민하는 동안 "수사 서류에 손을 대는 일은 수사 축소이고 왜곡이니 부디 정직한 해병대를 지키는 결정을 해주십시오. 해병대는 정직해야 됩니다"라고 사령관에게 누누이 건의했다.

지금 박 단장은 죽을 각오로 싸우고 있다. 박 단장은 결코 '영웅'은 아니다. 그러나 그를 '참군인'이라고 부를 수 있다. 자신의 자리에서 자신의 직분을 위해 최선을 다하는 그런 군인 말이다. 박 단장은 군사경찰 병과장으로 체득한 해병대 정신을 갖고 평소 임무에 충성하던 '결'대로 싸우고 있다.

그는 2024년 2월 14일 민주주의자 김근태상을 받고 이렇게 말했다.

제가 제 자신한테 한마디 하고 싶습니다. 박정훈 대령! 너의 선택은 옳았고 절대로 뒤돌아보지 말고 앞만 보고 나아가라. 당당하게 나아가라.

1부

비극의 씨앗

1

내성천의 은빛 모래

경북 예천의 내성천을 2024년 1월 초 방문했다. 해병대 고 채수근 상병이 사망한 지 거의 반년 만의 방문이었다. 내성천은 경북 봉화에서 예천을 거쳐 110킬로미터를 흘러 낙동강 본류에 합류한다. 최상류에는 영주댐이 있다. 내성천이라고 불리지만 중하류 지역에선 강폭이 200미터에 이르러 여름철 폭우기라면 '강'이라 불러야 할 것 같았다.

낙동강 지천인 내성천은 아름답다. 전국적으로도 모래사장 또는 모래톱으로 유명한 하천이다. 강변을 따라 군데군데 모래사장이 아름답게 펼쳐진다. 마을 주민들에 따르면 부드럽게 굽은 물길과 그 물이 실어와 뿌려놓은 금모래가 하천 곳곳에 백사장 같은 모래톱을 만들어놓았다고 한다. 그러나 최상류에 댐이 생기면서 일부 모래사장에 버드나무와 1미터 남짓 되는 갈대 수풀이 자라났다. 1월 초 내성천의 모래사장은 햇빛에 반사돼 반짝반짝 빛났지만, 곳곳에 억새 같은 누런 수풀들이 가득했다. 강변엔 뿌리째 뽑힌 수십 그루의 버드나무가 덩그러니 넘어진 채 남아 지난여름 수해의 상처를 아직도 씻어내지 못하고 있었다.

채 상병이 사망한 사고 현장인 내성천의 보문교 아래 100미
터 지점으로 내려가봤다. 동네 사람들이 일명 '빨래바위'라고
부르는 바위가 있었다. 갈수기였지만 바위 옆으로 물살이 비교
적 빠르게 흐르고 있었다. 깨끗한 물이 강바닥 아래 모래밭까
지 투명하게 비쳤다. 강의 너비는 50미터가량 되어 보였고 강
저편으로는 넓고 긴 모래사장이 하류 방향으로 계속 이어졌다.

보문교에서 차량을 이용해 강변을 따라 4킬로미터쯤 아래
쪽으로 내려갔다. 채 상병의 시신이 발견된 고평대교 하류가 나
타났다. 다리 아래로 내려가니 길게 이어진 수풀 모래밭과 함께
모래와 푸석푸석한 흙들이 가득했다. 모래밭을 걸을 때마다 신
발이 모래 속으로 빠져 발걸음이 자꾸 미끄러졌다. 동네 주민들
은 여름마다 많은 비가 내려 강물이 불면 모래가 저절로 움직인
다고 말했다. 마치 사막의 모래언덕이 바람을 따라 시시때때로
변하는 것처럼 내성천의 모래도 강물을 따라 쏜살같이 실려나
간다는 얘기였다. 가는 입자의 모래흙이 무너져 내릴 때마다 실
제로 급류 속 모래밭은 얼마나 위험할까 하는 생각이 들었다.

폭우와 급류의 재난 상황에서 내성천의 모래밭이 얼마나
위험한지 알아보기 위해 다리에서 3~4킬로미터 남짓 떨어진
예천소방서를 찾았다. 내성천의 급류 속에서 강바닥의 모래가
어떻게 흘러나가는지, 재난 시 내성천 고유의 특성을 살린 인
명구조 매뉴얼은 무엇인지 물어보려 했지만, 소방서 관계자들
은 경찰 수사가 진행 중이라며 모두 얘기하기를 꺼렸다.

2

아무도 알지 못했던
수색 임무

2023년 7월 중순, 한반도 중부지방에 말 그대로 물 폭탄이 쏟아졌다. 내성천 주변 마을 사람들은 살아생전 그렇게 많은 비가 나흘 동안 한꺼번에 내린 것을 본 적이 없다고 입을 모았다. 내성천의 최상류에 있는 영주댐이 방류했고 내성천 지류에서도 물이 쏟아져 들어왔다. 예천읍 주변의 내성천 지류에는 한천과 석관천이 연결돼 있다. 그 상류 지역인 백석리와 도촌리, 벌방리 일대는 산사태로 마을이 초토화되었다. 사망자만 9명이었고 실종자는 8명에 달했다.

내성천은 온통 흙탕물로 급류가 되어 흘렀다. 경북 포항에 주둔 중인 해병대 1사단에 경상북도 도청으로부터 지원 요청이 들어왔다. 이미 지역에 주둔하고 있는 육군 50사단이 지원하고 있었지만, 경상북도 재난상황실에서 해병대에도 지원을 요청한 것이다. 임성근 해병대 1사단장은 지원 요청을 받고 사단장 주관으로 각 여단장 이상 참모와 사단 지휘부를 소집해 7월 15일과 16일 주말 이틀간 대책 회의를 열었다.

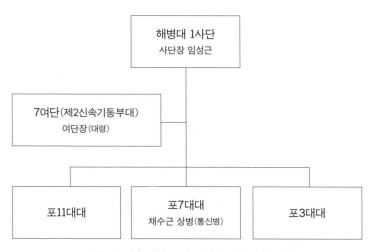

해병대 1사단
사단장 임성근

7여단(제2신속기동부대)
여단장(대령)

포11대대

포7대대
채수근 상병(통신병)

포3대대

해병대 1사단 경북 예천 실종자 수색 파견부대

임 사단장은 이 같은 사실을 해병대사령부에 보고했고 김
계환 해병대 사령관은 긴급 지휘관 회의를 열어 1사단 내 7여단
을 중심으로 제2신속기동부대를 예천의 호우피해 지역에 전개
하기로 했다. 이와 함께 고 채수근 상병이 소속된 해병대 1사단
포병여단 소속 포7대대와 포3대대, 포11대대 등 포병 3개 대대
도 포함했다. 합동참모본부도 '단편명령'으로 제2신속기동부
대의 임무는 '호우피해 복구 작전'이라고 명시했다. '단편명령'
이란 부대의 임무나 전술 상황의 변경을 알리는 데 사용하는
'간략한 작전명령'을 말한다.

합참의 단편명령으로 해병대 1사단 소속 제2신속기동부대
등의 작전통제권은 현지 부대인 육군 50사단장이 갖게 되었다.
육군 50사단은 예천 지역에 주둔하는 만큼 작전 지역 내 지리를 잘 알고 있다는 점에서 통상적인 조치였다. 임성근 1사단장은 호우피해 지역에서 작전에 개입할 권한이 없어졌다.

임성근 1사단장은 7월 17일 월요일 오전 10시경 제2신속기동부대로 편성된 7여단장(대령)에게 예천 지역으로 출동할 것을 지시했다. 해병대 1사단 소속 7여단이 선발대 격으로 먼저 출발했지만, 현장 지휘관인 7여단장이 구체적인 임무를 부여받은 때는 포항에서 출발한 이후였다. 박○○ 7여단장은 고속도로로 이동 중에 임 사단장으로부터 전화가 왔고 '실종자 수색 작전'에 우선을 두고 임무를 수행하라는 지시를 받았다고 말했다. 그리고 임 사단장은 "나머지 일부 병력은 피해 복구 작전에 동시 병행적으로 투입을 하되, 중점은 실종자 수색 작전"이라고 덧붙였다.

7여단이 떠나고, 1사단 소속 포병여단도 호우피해 복구 작전을 위한 출발 준비 명령을 받았다. 포병여단장은 오후 1시쯤 '화상원격회의(VTC, Video TeleConferencing)'를 열었다. 그러나 포병여단장 역시 포병대대들이 호우피해 지역에서 어떤 임무를 수행하는지에 대해서는 언급하지 않았다.

임성근 1사단장이 경상북도 재난상황실에서 지원을 요청받은 것은 7월 15일이었다. 7여단장조차 '실종자 수색이 주 임무'라는 지시를 이틀 뒤에나 받은 것이다. 이에 대해 임성근 1사단장은 채수근 상병 사망 이후 조사를 받을 때 "7월 15일과 16일 2차에 걸쳐 각 여단장을 비롯해 사단 지휘부와 회의를 했기 때문에 실종자 수색 작전 임무를 수행하는 것에 대해 다 전파된

것으로 생각했다"고 말했다.[1]

그러나 포병대대 장교들은 "호우피해 복구 작전이라고 출발 준비 명령 때 들어서 처음에는 포항에서 발생한 태풍 힌남노 피해 때처럼 피해 복구 작전을 진행하는 것으로 알았다"고 말했다. 또 "주 임무가 '실종자 수색 작전'이라고 들은 것은 숙소에 도착한 첫날 밤 10시경이 처음이었다"고 덧붙였다.

임성근 1사단장이 신속기동부대로 편성된 7여단을 예천에 파견한 것은 이해할 수 있다. 신속기동부대는 재해나 재난 상황 대응 임무를 위해 편성된다. 산불이 났을 때 잔불을 제거하거나 피해를 복구하는 임무를 주로 맡는다. 7여단 소속으로 작전 임무를 담당한 장교는 해병대 수사단 조사에서 "실종자 수색 정찰은 육안으로 관측하는 것이어서 별도로 그것에 필요한 물자를 보유하고 있지 않다"고 말했다.

평소 재난에 대비한다는 신속기동부대 상황이 이럴진대, 해병대 포병대대야말로 더 말할 필요가 없을 것 같다. 수중, 수변 수색 작전이나 재난 구조와 관련이 없는 포병대대 3개 부대를 실종자 수색 구조에 왜 투입했을까. 차라리 임무라도 정확히 고지했다면 안전 장비를 준비했겠지만, 그들이 가진 것은 장화, 삽, 갈퀴밖엔 없었다.

---

[1] 임성근 1사단장은 또 "실제 출동부대가 실종자 수색 작전이 주 임무라는 것을 모르는 상태에서 관련 장비를 준비하지 못하고 출동한 사실을 몰랐다"고 변명했다.

3

"나 미칠 것 같음, 개쪽 팔고 있음"

경북 예천 지역 하천 지형과 하천 현장 상황에 대해 아무런 사전 지식도 없이, 채 상병이 소속된 포7대대를 비롯한 해병대 파견부대는 다음 날인 7월 18일 화요일 새벽부터 실종자 수색 작전에 곧바로 투입됐다. 구체적 임무도 모른 채 재난 현장에 도착했으니 아무리 '귀신 잡는 해병대'라 해도 어쩔 도리가 없었다. 모든 것이 주먹구구식이었다. 현장에서는 작전통제권이 있는 육군 50사단을 비롯해 경북도청, 예천군청, 예천소방서, 예천경찰서 등 어느 곳에서도 제대로 된 상황이나 현장 정보를 주지 않았다. 실종자 수색을 위해 상류 댐 방류를 일시적으로 줄였지만 내성천의 강물은 마치 여울목의 물살처럼 거세게 흘렀다.

7여단 소속 신속기동부대의 주임원사가 18일 새벽 일찍 부대가 할당받은 실종자 수색 구역의 지형 정보 파악차 처음으로 현장을 둘러봤다. 사전에 여단장이나 상급 지휘부에서 수변 수색 정찰과 관련한 어떤 정보도 받아보지 못한 상황이었다. 7여단이 맡은 지역은 예천 읍내를 빠져나가는 내성천의 지류인 한천 쪽이었다. 한천 상황을 돌아본 주임원사는 급류가 워낙 강한 편이어서 수변 정찰이 어렵다고 판단했다.

주임원사는 현장 점검 후 "수변이 거의 보이지 않아 하천이나 다름이 없고 유속도 빠릅니다. 하천 쪽으로 내려가지 않았으면 좋겠습니다"라고 7여단장에게 보고했다. 물가로 내려가지 말고 도로에서 육안으로 실종자 수색 정찰을 할 것을 건의했던 것이다. 여단장은 주임원사가 촬영해 온 사진과 동영상을 보고 "하천 수변 정찰 시 작전 환경을 고려해 안전하게 진행하고 무리하게 하천에 접근하지 말라"고 지시했다. 7여단장은 새벽 5시 30분경 예천 읍내에 있는 예천스타디움 현장지휘소에서 신속기동부대와 포병대대 등 각 제대에 "물속에 들어가는 것이 아니라 물가에서 육안으로 수색을 하고, 지휘관들은 병력을 투입하기 전 사전 지형 정찰을 실시해 반드시 위험요소를 파악하라"고 지시했다. 이번 작전이 실종자 수색과 정찰이라는 사실을 비로소 모든 장병이 알게 되었다.

그러나 해병대 부대들이 실종자 수색 작업을 벌여야 할 작전 지역은 한천과 석관천, 내성천 등으로 넓게 펼쳐져 있었다. 또 작전 지역마다 상황과 지형이 많이 달랐다. 한천과 석관천은 자갈이 많은 구간이었지만 채 상병이 사망한 내성천은 모래강이었다. 현장 상황도 다르고 지형 정보는 부족해 지휘관마다 판단이 다를 수밖에 없는 형편이어서 누구 하나 키를 잡고 정확한 지시를 내릴 수 있는 사람이 없었다.

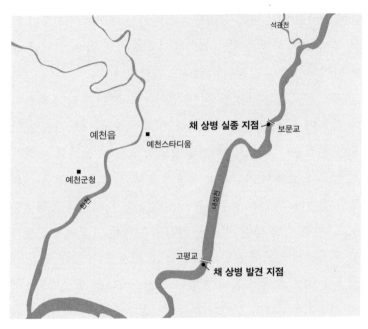

해병대 실종자 수색 구역과 채 상병 사고 구간

작전통제권이 없는 임성근 해병대 1사단장은 현장 지도를
위해 새벽 6시 포항을 출발했다. 임 사단장은 포3대대 소속 9중
대가 수변 수색 정찰 중이었던 석관천 최상류 지역 벌방교 인
근에서 7여단장과 함께 작전 지도에 나섰다. 사단장의 현장 방
문이 다음 날 사고의 원인을 잉태했다고 단정하기는 어렵지만
현장 포병대대 지휘관들에게 큰 압박을 준 것은 분명한 사실로
보인다. 해병대 장교들은 임성근 1사단장이 포병대대의 수색방
식에 대해 질책성 현장 지도를 하는 바람에 '압박감'이 컸다고
한다.

실제로 임 사단장은 현장 작전 지도를 마치고 포항으로 복귀한 뒤 현장을 총지휘하고 있는 7여단장에게 연락해 '포병여단장이 없어 그러는 것이냐, 포병부대 정신교육을 철저히 시켜라'는 취지의 질책을 했다. '포병부대 정신교육'에 대한 질책을 들은 7여단장이 지시를 즉각 이행했는지, 포병여단장 직무를 대행 중인 포11대대장은 다른 대대장들에게 "나 미칠 것 같음. 7여단 참모 앞에서 개쪽 팔고 있음"이라는 문자를 보냈다. 포11대대장의 불안과 압박감은 커져만 갔다.

사단장이 작전 지도를 마친 후 7여단장은 추가 지시를 내렸다. 추가 지시는 세 가지였다. 첫 번째, 군기 위반 및 자신감 없는 모습을 지적. 두 번째, 복장 착용 미흡, 전반적으로 어수선, 카메라가 있는데도 더 잘하려는 모습이 없음. 세 번째, 차량이 몰려 있는 상황에서 내리기 급급함. 모두 포병대대에 관한 불만이었다.

임 사단장의 현장 지도에서 무슨 일이 있었던 것일까. 임 사단장이 포3대대를 방문했을 때 중대장과 행정관은 '현장 확인부터 먼저 하겠다'며 병력을 대기시켜놓은 상황이었다. 사단장은 이를 보고 왜 빨리 작업을 시작하지 않고 병력을 대기시키고 있는 거냐고 채근했다. 사단장에 이어 7여단장도 "전술적으로 신속하게 작업을 시작하고 수변을 정밀하게 수색하라"고 지시를 내렸다. 또 "조를 나눠 책임자를 지정하고 본인이 건의해 포상휴가를 줄 테니까 열심히 수색하라"고 다그치기도 했다.

임 사단장이 떠나고 포3대대 9중대장은 대대장에게 사단장님이 방문했지만 특이 사항이 없었다고 보고했다. 그러나 대대장은 카톡으로 "사단장님이 실제로는 9중대 현장을 보시고 '늦게 왔다+우왕좌왕하며 뭐하는지도 모른다'고 화내셨음"이라고 문자를 남겼다. 이 소식을 듣고 기분이 상한 중대장은 다시 대대장에게 "기분 나빠하시면서 너네 어느 부서냐고 말씀하셨고, 저는 인원(병력)을 하차시킨 후, 현장 확인하고 나서 보내려고 한 건데, 빨리 내려보내라고 하셨고, 제가 임무 좀 나누려고 하니까 답답해하셔서 굉장히 속상합니다"라고 답장을 보냈다. 포3대대장은 "나도 혼란이 생기는데 너희는 더 그렇겠지"라고 하며 그나마 위로를 보냈다.

예천 현장에 파견된 해병대 1사단 포병여단 소속 포병대대는 포11대대와 포7대대, 포3대대 등 3개 부대였다. 현장에서 포병여단장의 직무를 포11대대장(중령)이 대신 맡았다. 포11대대장은 예천소방서 측과 대화를 나눴다. 소방서 측에서는 소방에서 1차 수색을 했으니 해병대에는 정밀 수색을 원한다고 말했다. 또 수변 수색을 할 때 끝단의 수풀이나 나무에 실종자가 걸려 있을 확률이 높다고 전했다. 가급적 물속으로 들어가서 수색을 해줬으면 좋겠다는 취지였다. 포11대대장은 7여단장과 몇 차례 통화하며 소방 측 요구 내용을 보고했다. 당시 물이 많이 불어 수변과 물 본류를 구분하기가 쉽지 않아 물에 들어가지 않고는 소방 측의 요구를 해소해주기 어렵다고 판단했다. 7여단장은 "물속으로 들어가는 것은 안 된다"고 했지만 대대장이 현장 상황을 거듭 설명하자 결국은 '장화 정도 깊이의 물'에 들어가 수변 수색 정찰을 하는 것을 승낙했다.

채 상병이 소속된 포7대대장(중령)은 오전 10시 31분경 선임 대대장인 포11대대장에게 "수변 일대 수색하는 것이 겁이 납니다"라고 카톡 보고를 했다. 포7대대 할당 구역 역시 상황이 여전히 좋지 않았다. 제대로 작전 준비도 하지 못하고 현장 지휘를 하는 포11대대장도 혼란스러울 수 밖에 없는 상황이었다. 이런 와중에 7여단장은 이날 오후 포3대대장에게 "내일 포3대대를 사단장이 지도 방문할 예정"이라고 알려왔다.

수색 정찰 작업을 벌이는 내내 비가 내리는 등 날씨가 좋지 않았다. 포병대대는 이날 실종자 수색 작업을 오후 4시경 일찍 종료했다. 그러나 포병부대 각 제대의 실종자 수색 작업에 대한 불만은 커져갔다.

4

비극의 씨앗:
무릎 높이냐, 허리 아래냐

실종자 수색 작전은 경쟁을 부추기는 방식이었다. 해병대 1사단은 실종자를 발견하면 '14박 15일'이나 되는 포상휴가를 주겠다고 했다. 군 관계자들은 14박 15일의 포상휴가는 병사들에게 큰 동기 부여를 제공했을 것이라고 입을 모은다. 보통 일주일, 많아도 10일 정도의 포상휴가를 주는 것이 관례였기 때문이다.

7여단장은 대대장과 저녁 식사를 하면서 자연스럽게 휴가 이야기를 나누었고 "71대대에서 실종자를 찾는 작전에 성공해 포상휴가를 받았으니 포병도 사기가 떨어지지 않도록 관련 내용을 잘 알려줘 교육을 하면 좋겠다"고 조언했다. 위험 지역 수색 작전으로 받을 수 있을 포상휴가 이야기를 '조언'이라 할 수 있을까. 경쟁을 통한 성과에 집중하는 방식이었다. 좌우지간 14박 15일의 포상휴가는 병사들에게 엄청난 자극제가 되었을 것이다.

포7대대장은 "실종자를 찾은 대원에게 15일 휴가를 주었다는 내용을 대원들에게 교육하게 했고 어떻게든 찾아야 하겠다는 마음이 컸다"고 증언했다. 채 상병 동료인 포7대대 병사도 해병대 수사단 조사에서 "카톡방에서 실종자를 찾으면 14박 15일 포상휴가를 준다 했고, 선임들에게 잘 보이고 싶은 이유로 채 해병님과 저는 1열에 서서 적극적으로 삽으로 바닥을 훑으며 수색 작업을 했다"고 당시를 기억했다.

7여단 소속 71대대장은 18일 오전 10시 32분경 7여단장에게 실종자 시신 1구를 발견했다고 보고했다. 뉴스 통신사인 뉴스 1은 〈수색 하루 만에 여성 실종자 발견한 해병대…정예요원 300여 명 투입〉이란 기사를 송고했다. 해병대 신속기동부대 대원들이 이날 허벅지까지 차오른 하천에 뛰어들어 수색 작전을 벌이던 중 예천군 용문면 제곡리 하천에서 숨진 여성 실종자 1명을 발견했다는 기사였다. 이에 대해 7여단장은 "육군과 다르게 (물에) 들어가서 해서 그랬다"고 평가했다. 그러나 여성 실종자 시신은 도로 위에서 육안 정찰을 하던 중 발견한 것이었다. 시신 인양은 소방, 경찰과 함께 이뤄졌다.

'경쟁 부추기기' 리더십은 이뿐만이 아니었다. 포7대대장은 사단에서 일 처리를 할 때 사단장으로부터 지시를 받으면 항상 그 이행 상태를 수치화해서 보고했다고 말했다. 임 사단장의 이런 지휘 방식은 승진이 걸려 있는 대대장들에게 큰 압박과 부담을 준 것으로 보인다. 해병대 관계자는 "군인인 이상 승진을 생각하지 않을 수 없고 임무 수행에 문제가 없다는 것을 보여주기 위해 잘 보이고 싶은 것은 인지상정"이라고 말했다. '상급자=인사 평정을 주는 사람=진급=인맥'은 군의 구조적 문제로 비단 해병대 1사단장만의 문제로만 치부할 수 없다. 하지만 관련자들의 진술을 살펴볼 때 채 상병 사망 사건 발생의 한 원인이 되었던 것은 분명하다.

내일의 참변을 예고하는 중요 회의가 저녁 식사를 마치고 이어졌다. 임성근 1사단장은 이날 저녁 8시 30분부터 화상원격회의(VTC)를 열었다. 임 사단장은 "내려가서 수풀을 헤치고 찔러보면서 찾아야 한다. 그런 방법으로 71대대가 실종자를 찾은 거 아니냐"며 "도로 위를 걸어가면 잘 보이지 않으니 수변으로 내려가서 의심되는 물체에 대해 꼼꼼히 확인하고, 장화를 신고 작전을 수행하라"고 지시했다. 내성천과 그 지류인 석관천, 한천의 수변에는 1미터가량의 억새 같은 수풀이 많았다. 수변에서 물이 좀 빠지고 난 뒤 이 수풀들은 급류에 휩쓸려 제멋대로 널브러져 얽혀 있는 상황이었다.

수색 방법에 대해 이야기할 때 사단장은 손을 가슴에 올리며 "여기까지 오는 장화를 뭐라고 그러지?"라고 물었다. 사단장 말을 들은 지휘관들은 가슴 장화를 말한다고 생각했다. 7여단 관계자는 이 상황을 두고 "사단장께서는 늘 그렇듯 '결단이 미흡하다, 정리가 안 된다' 등의 질책을 했다"고 말했다.

사단장의 VTC가 끝나고 7여단장이 주관하는 VTC가 이어서 진행됐다. 여단장 VTC에는 포11, 포7, 포3대대장 등이 참석했다. 7여단장은 육군과 다르게 물에 들어가 정성을 다해 수색했기 때문에 시신을 찾은 것을 말하며, 장화 높이 물에 들어가되, 안전이 확보된 가운데 수풀을 찔러가며 '바둑판식'으로 수색하라고 지시했다. '바둑판식 수색'은 사단장의 카톡 문자메시지에 처음 등장한 용어였다. 언뜻 살펴봐도 7여단장 지시는 모순적이었다. 7여단장은 "수변에서 발이 빠지는 곳은 장화 높이까지 들어가서 확인해도 될 것 같다고 말한 것은 사실이나, 물속으로 들어가 수색 활동을 하라는 의미가 아닐뿐더러, 물속으로 들어가라는 지시나 지침을 내린 사실이 전혀 없다"고 말했다. 물에 들어가라는 건지, 말라는 건지 도통 알아듣기 힘든 지시다. 이를 관에서 쓰는 말로 '적의조치(適宜措置)'라고 한다. '적절히 알아서 하라'는 뜻인데 상관이 책임을 면피하려 할 때 자주 등장한다.

여단장 주재 VTC를 마친 포병대대장들은 따로 자체 회의를 했다. 포11대대장은 '바둑판식이 어떻게 하라는 건지 모르겠다'고 말했고, 다른 대대장들도 7여단장 지시들이 서로 상충한다는 취지로 불만을 토로했다. 하천 상황을 놓고 볼 때 '안전을 확보하라는 것'과 '바둑판식 수색'은 상충하는 논리였다. 바둑판식 수색을 하려면 장화를 신고 물에 들어가지 않으면 안 되었다. 복장 통일 지시도 현장 상황과 유리되긴 마찬가지였다. 모래밭인 내성천에서 수색을 하는 포병대대 중간 간부들은 장화 대신 군화 착용을 건의했다. 물속에서 수색 작업을 하면 장화 속에 모래가 들어가 더 위험할 수 있기 때문이다. 이것 또한 수용되지 않았다.

상황은 불행하게도 '하인리히 법칙'과 맞아떨어져 갔다. 하인리히 법칙은 큰 사고는 우연히 또는 어느 순간 갑작스럽게 발생하는 것이 아니라 그 이전 반드시 경미한 사고들이 반복되는 과정에서 발생한다는 법칙이다. 압박감을 느낀 포병대대 선임 포11대대장은 "사단과 7여단이 수색 작전을 많이 강조하는 분위기이므로 물에 가더라도 **허리보다 물이 높으면 사람 몸이 뜨고**, 중심 잡기 어려워 위험할 수 있으니 더 깊이 들어가는 것은 안 좋을 것 같다"고 말했다. 허리 아래까지는 입수해도 괜찮다는 말이었다.

이 결정은 중대한 실책이고 비극의 씨앗이었다. 처음으로 '무릎 높이까지 수색'이 '허리 아래까지 수색'으로 전환되었기 때문이다. 71대대는 물에 들어가지 않고도 강둑 위에서 실종자를 발견했다. 발견은 군이 했지만 물속에 들어가 시신을 인양한 것은 장비를 갖춘 소방이었다. 당시 하천 상황이 그러했다. 별다른 구명 장비도 없이 병사들에게 허리 아래 깊이의 물까지 들어가라고 한 것은 어이없는 단견에 불과한 것이었다. 또 내성천의 지형상 일률적으로 허리 아래 깊이에서 실종자 수색을 한다는 것은 가능하지 않은 일이었다. 수변과 본류의 물 깊이가 저마다 달랐고, 또 흙탕물 급류 속에서 허리 아래의 물 깊이를 육안으로 가늠하는 것도 불가능한 일이었다. 더욱이 강바닥의 모래밭은 급류에 휩쓸려 살아 움직이고 있어 바닥 지형이 어떻게 생겼는지 알 방도가 전혀 없었다.

이런 무리수는 포병대대가 수색 방식에 대해 사단장과 여단장에게 하루 종일 질책을 받은 결과라고 할 수밖에 없었다. 포11대대장은 "실제 수변의 모습은 물이 대다수였고, 어떤 곳은 장화 깊이였지만, 탐침봉으로 확인하다 보면 허리까지 잠기는 곳이 대부분이었다"고 말했다. 또 "상급 부대에서도 너무 과도하게 예하 부대 압박을 안 했으면 좋겠다"고 덧붙였다. 그날 밤 포병대대장 회의 결과를 전달받은 포7대대의 중위는 "허리 높이 아래까지 수색 정찰을 하라"는 지침을 포7대대에 전파했다.[2]

2 7월 19일 새벽 6시 20분경 7여단장이 포7대대장에게 '사단장 방문 장소로 적절한 곳이 어디인지'를 물었다. 여단장이 "사단장님이 오늘 너희 1개 중대 보신다고 하셨는데 몇 중대로 안내하면 되냐"라고 묻자 포7대대장은 "그 물속에 들어가 있는 거 보려면 간방교 일대로 가면 될 것 같다"고 답변했다. 수변이건 수중이건 수색 작전을 진행 중인 장병들이 사단장 앞에서 물속에 들어가 있어야 했다는 것이 핵심이다.

5

끝내 돌아오지 못한 해병

고 채수근 상병(당시 일병)은 해병대 1사단 포7대대 본부중대 통신병이었다. 1사단으로 자대 배치를 받은 지 갓 두 달째였다. 채 상병이 소속된 포7대대 본부중대원들은 7월 19일 수요일 아침 7시 55분경 내성천 보문교에 도착했다. 보문교 하류가 중대의 실종자 수색 구역이었다. 상류 지역에서 하류 방향으로 본부중대 소속 3개 조(각각 3~6명씩으로 구성)가 책임 구역을 나누고 입수해 수색을 진행하기로 했다.

사고 발생 지점의 동쪽 수역은 모래사장이 넓게 펼쳐져 있었고 서쪽 수역은 누런 흙탕물이 산 아래 빨래바위 근처까지 차올라 빠른 유속으로 내달리고 있었다. 수심은 2~2.5미터에 이르렀지만 더 깊은 곳도 있었다, 흙탕물 아래는 완전히 모랫바닥이었다. 강물 아래 깊이가 얼마나 되는지, 바닥 지형은 어떤지 알 길이 없는 상황이었다. 하천 가장자리 여기저기엔 나무가 쓰러져 널려 있고 거센 강물에 휩쓸린 나뭇가지들도 수없이 떠내려왔다.

채 상병이 속한 조는 모두 6명으로 구성됐다. 본부중대장은 어제저녁 점호에서 "오늘 사단장님, 사령관님, 국방부 장관님들이 다 오시니 표정 관리를 해라, 표정 관리가 안 되는 인원들은 코까지 두건 같은 것을 쓰라"고 했다. 그러나 안전 장비는 일체 없었다. 단지 삽과 갈퀴뿐이었다. 거기에 부대원들은 장화를 신고 물에 들어가야 했다. 또 허리 높이의 물까지만 들어가라는 지시를 받았으나 따로 어떤 안전 교육도 받지 못했다. 그렇다고 부대 자체적으로도 비상시 사용할 구명조끼나 튜브, 보트, 허리끈 같은 대비 물품을 가지고 있던 것도 아니다. 채 상병과 같은 조에 속했던 한 장병은 당시 상황에 대해 "유속이 너무 빨라 물에 빠진 채 상병 머리가 왔다 갔다 할 때마다 엄청 떠밀려갔다"고 기억했다.

장병들은 "물이 혼탁했고, 바닥의 경사가 심해 수심을 제대로 확인할 수 없는 상황이었다"고 회상했다. 또 "장화를 신고 허리 높이까지 오는 물에 들어간 탓에 이동에 제약이 있었고, 물 밖에서 볼 때와 달리 유속도 상당히 빨랐다"고 당시를 돌아봤다. 사고는 순식간이었다. 간격을 벌리면서 수색을 하다 보니 자연스럽게 가장 끝에 있는 병사는 물살이 세고 깊어지는 곳으로 들어갈 수밖에 없었다. 제일 처음 채 상병의 동료 장병 가운데 한 병사가 갑자기 허우적거렸고 발이 강바닥에 닿지 않아 빠른 유속에 휩쓸려갔다.

이어 옆에 있던 채 상병과 또 다른 병사도 동시에 떠내려갔다. 발아래 모래 지반이 무너지며 2미터가 넘는 물속으로 갑자기 휩쓸려간 것이다. 다른 장병들은 동료들에게 구조되었고,

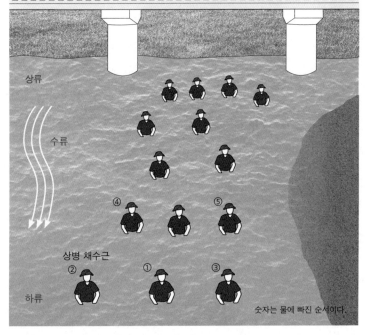

상류

수류

④

⑤

상병 채수근

②

①

③

하류

숫자는 물에 빠진 순서이다.

사고 당시 물에 빠진 장병 5인의 위치

또 1명은 본능적으로 잡고 있던 삽을 버린 다음 장화를 벗고 배영으로 헤엄쳐 천신만고 끝에 빠져나올 수 있었다. 그러나 채 상병은 강물에 하염없이 떠내려가고 말았다. 중사 2명이 수영으로 채 상병에게 접근을 시도했지만 구조에 실패했다. 지상에서는 다른 장병들이 채 상병의 흔적을 찾기 위해 내성천 하류 방향으로 뛰어가며 추적했다. 그러나 결국 채 상병을 구조하지 못했다. 채 상병은 실종 장소로부터 무려 6.5킬로미터를 떠내려갔다. 그날 밤 11시 8분경에서야 고평대교 하류 400미터 지점에서 심정지 상태로 발견됐다.

당시 생존 병사 4명은 "물에 떠 있기조차 힘든 상황인데 급류로 인해 하천의 중앙 방향으로 휩쓸려 나가는 상황이어서 '이대로 죽겠구나'라고 생각했다"고 그때 상황을 증언했다. 이들은 "얼마나 힘들고 무서웠으면 '살려줘!'라고 말했을지 마음이 아팠고 나중에 들은 얘기로는 채 상병이 아토피가 있고 수영을 할 줄 몰라 물을 싫어한 것으로 들었다"고 말했다. 그런데 불평도 안 하고 선임과 간부들이 들어가라고 하니까 물에 들어간 것 같다는 얘기도 했다.

아들의 실종 소식을 듣고 사고 현장으로 달려온 채 상병의 부모님은 목 놓아 외쳤다. "수근이는 어디 있어요? 어디 있어. 왜 구명조끼를 애한테 안 줬어?"라고 땅을 치며 통곡했다. 대한민국 군대가 강변에서 이뤄지는 실종자 수색 작전에서 구명조끼 하나 입히지 못한다는 사실에 전 국민이 경악했고 충격을 감추지 못했다. 그것도 수륙양용 작전을 벌이는 해병대였다. 젊은 병사들에게 주어진 것이 고작 삽과 장화뿐이었다는 소식에 국민들은 분노했고 장병 안전에 무감각한 군 지휘부에 절망할 수밖에 없었다.

6

"억울함이 남지 않게
수사하겠다"

채 상병의 실종과 사망 과정은 국민들에게 실시간으로 생중계되다시피 했다. 젊은 장병을 구명조끼도 없이 실종자 수색 작전에 투입한 군에 대한 비판 목소리가 높았다. 자식의 입대를 앞두거나 군에 자식들을 맡긴 부모들 마음은 특히 더했다. 장병 안전 소홀에 대한 국민적 공분이 가시지 않은 상태에서 해병대는 채수근 일병을 '상병'으로 추서하고 7월 22일 일요일 영결식을 거행했다. 윤석열 대통령은 엄정하고 철저하게 수사해 이런 일이 재발하지 않도록 하라고 말했고 이종섭 국방부 장관도 다시는 이런 일이 일어나지 않도록 최선을 다하겠다고 다짐했다.

해병대사령부 소속 해병대 수사단은 변사사건 처리규정에 따라 즉각 수사에 돌입했다. 2022년 7월부터 시행된 새 군사법원법은 군내에서 발생한 ▲성범죄 사건 ▲범죄에 의한 군인 사망 사건 ▲입대 전 범죄 등 3대 범죄 수사와 재판은 민간 수사기관과 법원에서 담당하도록 했다. 해병대 수사단은 채 상병

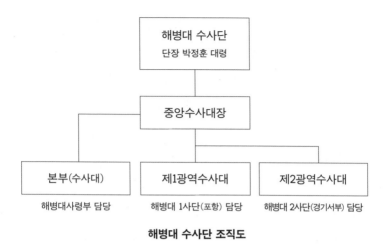

```
┌─────────────────────────┐
│      해병대 수사단       │
│     단장 박정훈 대령     │
└─────────────────────────┘
            │
┌─────────────────────────┐
│       중앙수사대장       │
└─────────────────────────┘
    │         │         │
┌────────┐ ┌────────┐ ┌────────┐
│본부(수사대)│ │제1광역수사대│ │제2광역수사대│
└────────┘ └────────┘ └────────┘
해병대사령부 담당  해병대 1사단(포항) 담당  해병대 2사단(경기서부) 담당
```

해병대 수사단 조직도

사망 사건에서 '범죄에 의한 군인 사망 사건'으로 볼 수 있는 혐의점을 발견하는 즉시 민간 경찰에 사건을 이첩해야 하는 상황이었다. 박정훈 해병대 수사단장은 채 상병 유가족들에게 법과양심에 따라 수사하고 채 상병의 죽음에 억울함이 남지 않도록하겠다고 다짐했다.

수사는 해병대 1사단을 담당하는 해병대 수사단 제1광역수사대가 맡았다. 유가족들은 수사대와의 면담에서 첫째로 구명조끼를 왜 지급하지 않았는지, 둘째로 수색 현장의 위험 지형을 가장 잘 알고 있는 지자체나 소방, 경찰이 안전을 위해 해병대에 무엇을 지원하고 알려주었는지, 마지막으로 물속으로 들어가라고 지시한 포11대대장의 지시 배경이 무엇인지를 철저히 수사해달라고 요구했다.

생존 병사와 영관급 장교, 대대장들을 상대로 조사가 신속하게 진행됐다. 수사의 핵심은 지휘관 중 어느 선까지 책임을 물을 것이냐는 문제였다. 대통령도 엄정 수사를 강조한 터여서 수사단은 성역을 두지 않고 조사하기로 했다. 해병대사령부 참모 가운데 해병대 1사단은 국민적 공분을 감안해 사단장 책임론을 거론했으나, 7월 23일 일요일까지는 수사단 내에서 임성근 해병대 1사단장에 대한 책임이 아직 거론되지 않았다.

그러나 대대장들과 주요 영관급 장교에 대한 조사가 거의 끝난 24일과 25일 무렵, 수사 기류가 확 달라졌다. 물에 들어가라고 직접 지시한 포11대대장과 포7대대장을 비롯해 임성근 1사단장과 7여단장까지 총 8명을 업무상과실치사 혐의에 포함시킬 수밖에 없다는 판단이었다.

관건은 사단장 과실과 채 상병 사망의 인과 관계였다. 즉 사단장 지시가 채 상병 사망과 연결돼 있냐는 것이었다. 수사단 수사 결과에 따르면 임 사단장은 7월 15일 토요일 아침에 경상북도 재난상황실에서 예천 지역 실종자 수색 등 재난 지원을 요청받고도 출동 당일인 17일 월요일 오전 10시경에서야 예천으로 이동 중인 신속기동부대 7여단장에게 '피해 복구 작전의 중점은 실종자 수색'이라는 사실을 뒤늦게 알려주었다. 현장에 도착한 7여단장은 그날 밤 예하 대대에 부대별 임무와 책임 지역 할당, 그리고 복장 통일 등 사단장 강조 사항을 전파하며 다음 날부터 곧바로 실종자 수색 작전을 시작한다고 지시했다. 부대에서는 현장에 투입되는 해병대원들을 위한 밧줄, 구명조끼 등의 안전 장비를 갖출 의지도 없었고, 그럴 생각이 있었어도 준비할 시간이 턱없이 부족해 불가능했을 것이다.

결정적으로 합참의 단편명령에 따라 임 사단장은 작전통제권이 전혀 없었다. 하지만 예천 현장을 방문하고 돌아간 18일 화요일 밤 임 사단장의 화상원격회의(VTC) 결과는 포병대대에 다음과 같은 내용으로 전파됐다. 첫째는(둑 아래로) 내려가서 수풀을 헤치고 찔러보며 실종자를 찾아야 하고, 둘째는 바둑판식 수색을 하며, 셋째는 필요하면 가슴 장화를 착용하라는 내용이었다. 또 육군이 못 찾은 실종자 시신을 해병대 신속기동부대인 71대대가 (물속을) 샅샅이 뒤지는 방식으로 찾은 것 아니냐고 다그쳤다. 실제로는 강둑을 걷던 71대대의 한 병사가 육안으로 발견했었다. 사실과 다른 이야기로 공격적 수색을 요구한 셈이었다.

작전통제권도 없는 임 사단장의 VTC 결과는 휘하 지휘관들에게 혼선을 가중시켰다. 사단장 VTC 이후 포병대대장들은 후속 회의에서 수중 수색 높이를 두고 '무릎 아래까지인가, 허리 아래까지인가'에 대해 서로 옥신각신했다. 심지어 포11대대 참모들은 "그러지 말고 확실하게 지침을 다시 받자"고 건의했다. 결국 포병대대장들은 회의 결과를 '물속으로 들어가 수색하라'는 사단장 지시로 판단했고 다음 날 장병들을 입수케 함으로써 채 상병이 사망에 이르게 됐다고 수사단은 결론지었다.

또 하나의 쟁점은 해병대 장병들이 수중 수색을 하는 것을 임 사단장이 알았느냐는 것이었다. 해병대 수사단은 임 사단장이 1사단 공보정훈실장 보고를 통해 장병들이 무릎 높이에서 수중 수색을 하고 있다는 사실을 이미 파악하고 있었다고 판단했다. 1사단 공보정훈실장이 7월 19일 수요일 오전 6시 5분경 포3대대 소속 장병들이 하천에서 수중 수색하고 있는 모습이 실린 기사[3] 등을 당일 수색 작전 관련 기사로 정리해 카톡으로 발송했다고 말했기 때문이다. 임 사단장은 그날 오전 7시 4분경 "훌륭하게 공보활동이 잘 이뤄졌구나"라는 카톡 문자를 남겼다. 이 기사에는 18일 해병대 장병들이 물속에 들어가 탐침봉으로 수색 작업을 하는 사진이 실려 있다.

한편 수사가 한창 진행되던 7월 24일 월요일, 해군본부 소속 군검사 2명이 해병대 수사단 제1광역수사대를 방문했다. 채 상병 시신 검시에 참여했던 검사였다. 수사팀은 검사들과 1시간 가까이 수사 내용을 놓고 의견을 나눴다. 검사들은 지휘관이 사건 현장을 방문해 충분히 위험을 인지했음에도 불구하고 안전 장비를 지급하지 않아 사건을 발생시켰고, 심지어는 입수 지휘에 대한 '무언의 압력'을 가했다고 판단된다며 임 사단장 처벌 가능성에 대해 공감하는 의견을 표시했다.

또 국방부 부대관리훈령에도 각급 지휘관은 부대의 모든 활동을 지휘·감독하며 각종 사고를 예방할 책임이 있다는 조항이 있다고 설명했다. 해군 검사들은 특히 철도 선로 노동자 사망사고와 관련된 관리자의 업무상과실치사 책임을 물은 판례 등 6건의 판례를 정리해 보내주겠다고 말했다. 이들은 의견서

3 김재산, "실종자 찾아라"…해병대 상륙장갑차까지 전격 투입, 국민일보, 2023. 7. 19.

도 써주겠다고 했지만 해군검찰단 직속상관인 부장검사가 반대해 의견서는 무산되고 말았다.

해군 군검사는 나중에 박정훈 수사단장의 항명 사건을 수사한 국방부 검찰단에 진술서를 제출했다. 사실 군에서는 대대 장급(중령) 장교 1명 입건하는 것도 쉬운 일이 아니다. 하물며 군사경찰이 2성 장군인 사단장을 혐의자로 특정한다는 것은 정말 어려운 일이었다. 이 검사는 '자신이 총대를 메고 욕을 먹는 한이 있더라도 의견서를 써주려 했다'는 취지의 말을 덧붙였다. 아무리 봐도 사단장을 입건하는 건 상당히 힘에 부칠 것 같아 의견서를 써주면 군사경찰에게 도움이 될 것이라 생각했다고 한다. 그 검사는 여느 보통의 군검사와 달랐다.

7

사단장의 변명

임성근 1사단장은 처음엔 김계환 해병대 사령관에게 채 상병 사망에 대해 책임지겠다며 사단장직 사퇴 의사를 밝혔다. 그러나 시간이 흐를수록 그의 태도는 변해갔다. 7월 26일 수요일 해병대 수사단 조사에서 그는 부인과 변명으로 일관하다시피 했다. 실종자 수색을 뒤늦게 통보한 사실에 대해선, 작전에 관해 다 전파가 됐다고 생각했지, 실제 파견부대들이 임무도 모르는 상태에서 관련 장비도 준비하지 못하고 출동한 줄은 몰랐다고 말했다. 자신이 예천 현장을 방문했던 건 맞지만 포항에 있는 사단장으로서는 현장에 일어나는 일을 실제로 보고받지 않고서는 알 수 있는 방법이 없었다고 그는 덧붙였다.

임 사단장의 주장에 의하면 사고는 모두 대대장들의 탓이었다. 물살이 세게 흐르는 위험한 지역에서 물에 들어갈지 말지는 현장 지휘관들이 판단해야 할 문제였다고 책임을 떠넘겼다. 또 전시도 아닌 상황에서 상관이 지시를 했어도 위험하다면 현장 지휘관들이 거부를 했어야 하는 것 아니냐며 본인의 책임은 인정하지 않으려고 했다. 구명조끼 등 안전 장비에 대해서도 해병대 제2신속기동부대는 상륙장갑차 및 고무보트 부대를 제외하고는 모두 육상에서 작전하는 부대이므로 구명조끼를 착용할 이유가 없다고 주장했다. 애초부터 물속에서 작전을 하지 않는 부대이고 자신도 물속에 들어가라는 지시를 한 적이 없다는 얘기였다. 폭우피해가 극심한 지역에 실종자 수색 임무로 장병들을 보내면서도 지상 작전이라고 우기고 있었다.

임 사단장은 군사법원에 188쪽이나 되는 장문의 진술서를 제출했다. 부하들에게 모든 책임을 전가하는 내용이 대부분이었다. 채 상병 사망은 "수중 수색은 하지 말라"는 자신의 지시를 현장 지휘관들이 잘못 알아들어 생긴 일이라고 정리했다. 그의 진술서에서 흥미로운 점은 7월 18일 화요일 VTC에서 지시한 세 가지 가운데 오직 '바둑판식 수색정찰'이라는 여덟 글자만 본인이 직접 언급했을 뿐 나머지는 지시한 적이 없다고 주장하는 것이다. 그 외의 지시는 7여단장이나 누군가가 사단장 지시사항으로 확대 또는 왜곡시켰다는 논리였다. '찔러가면서까지 수색한다'는 것도 과도하고 불필요한 전술적 행위였다고 오리발을 내밀었다. 하지만 당시 제2신속기동부대인 7여단 소속 수송대장은 다음과 같은 기록을 남겼다.

추가사항: 7월 18일 16시 12분경 사단장님 작전지도 종료 후 여단장 님 말씀

1. 군기위반 및 자신감 없는 태도를 지적
2. 복장착용 미흡 전반적으로 어수선, 카메라가 있는데도 더 잘하려

는 모습이 없음

3. 차량이 몰려 있는 상황에서 내리기 급급함 등을 지적하시고 "포병 이야기라고 하심."

이후 식사 종료 후 포11대대장님께 "포병여단장님 불러오실 뻔했어", "내가 온몸으로 막았어"라고 말씀하심. 사단장님께서 물에 들어가라는 말은 없으나 "밑에 내려가" 가슴 장화 물자를 언급하는 것을 미루어 볼 때 물에 들어가라는 지시로 충분히 해석할 수 있을 거라 생각함.

"훌륭하게 공보활동이 이루어졌구나"라는 카톡 문자에 대한 해명도 황당했다. 사단장 본인은 상륙장갑차(KAAV)가 투입되면서 유속을 견디지 못하고 5분여 만에 곧바로 물에서 빠져 나온 것에 대해 부정적 기사가 나올 것으로 우려했는데, 오히려 긍정적인 기사가 주를 이루어 칭찬한 것이라고 했다. 1사단 공보정훈실장이 보낸 국민일보 기사를 보고 적은 문자가 아니라, 상륙장갑차 활동에 관한 칭찬이라는 얘기다.

임 사단장은 이 사건을 수사하고 있는 경북경찰청에 '추가 수사 요청사항'이라는 제목의 등기우편을 보냈다. 첫째는 자신은 물에 들어가라고 지시한 사실이 없다는 것이고 둘째는 자신에게 작전통제권이 없었으며, 마지막으로 7월 19일 수요일 사단 공보정훈실장이 보냈다는 사진은 다 연출이라는 내용이었다. 하지만 현장에 있던 복수의 기자가 수중 수색 장면을 촬영했고 포3대대의 한 중대장은 이를 대대장에게 보고까지 했기 때문에 연출된 사진이란 주장은 근거가 빈약하다. 공보정훈실장이 새벽에 카톡으로 보낸 사진은 받았는지 모르고 있다가 채 상병 영결식이 끝난 후에야 봤다고 주장했다. 임성근 해병대 1사단장은 본인의 행동과 채 상병 사망과의 인과관계를 철저하게 부인했다. 이는 경찰과 검찰 수사에서 밝혀야 할 부분이다.

8

해병대 사령관,
1사단장에 책임을 묻다

임성근 해병대 1사단장은 부하들에게 책임을 떠넘겼다. 그러
나 김계환 해병대 사령관의 입장은 전혀 달랐다. 박정훈 수사
단장은 7월 24일 월요일 포항에 내려가 직접 수사 지휘를 하겠
다고 사령관에게 보고했다. 김 사령관은 임 사단장의 작전통제
권 문제를 꺼냈다. 임 사단장이 합참의 단편명령에 따라 본인
에게 작전통제권이 없었다고 주장하지 않았으면 좋겠다는 취
지였다. 절차상 작전통제권이 임 사단장에게 없던 것은 맞지만
그렇다고 육군 50사단장에게 책임을 떠넘기는 것도 군의 속성
상 비아냥을 살 일이었다. 해병대 수사에서 작전통제권이 육군
에 있다며 타군인 육군에 책임을 떠넘기는 건 서로 망신스러운
일이었다. 실제로 임 사단장은 장병들의 의식주 등 보급 문제
를 살피기 위해 경북 예천에 갔다고 주장하지만 작전 지도를
한 것은 엄연한 사실이었다.

수사팀은 현장 지휘관이었던 대대장들의 진술을 받은 후
사단장에게 책임을 물어야 한다는 잠정 결론을 내렸다. 박 단

장은 김 사령관에게 사단장의 책임 문제를 중간중간 보고했다. 사령관도 별 이의를 제기하지 않고 수긍했다. 김 사령관은 사단장 처벌에 대해 상당히 괴로웠을 것이다. 해병대 조직에는 장군이 9명 있다. 그중 사단장급(소장)은 4명뿐이다. 해병대 1사단장은 그중 가장 요직이라 할 수 있다. 사령관 입장에서 1사단장을 혐의자로 특정하는 것은 아무리 수사의 독립성을 존중한다고 하더라도 '읍참마속(泣斬馬謖)'의 심정이었을 것이다. 그러나 대통령도 엄정 수사를 지시했고 사령관 자신도 그렇게 해야 한다고 생각하고 있었다.

해병대 수사단은 7월 28일 금요일 김 사령관에게 수사 결과를 보고했다. 이날 보고에선 사단장보다는 7여단장 처벌 문제가 오히려 도마 위에 올랐다. 7여단장이 "물에 들어가지 말라"고 한 것은 사실이나 사단장의 무리한 지침을 그대로 전달하는 데 급급했고, 무엇보다 사단장을 정점으로 지휘관들을 처벌하는 상황에서 여단장을 제외하는 것도 마땅치 않았다. 경찰과 검찰에서 판단해도 될 사안이었다. 임성근 1사단장 처벌 문제는 이미 사령관과 충분하게 공감대가 있었으므로 이날 보고 과정에서는 논란이 되지 않았다.

이 같은 상황은 김 사령관이 8월 2일 수요일 이종섭 국방부 장관의 군사보좌관인 박진희 준장에게 보낸 문자에서도 확인할 수 있다. 당시는 사령관이 국방부 장관에게 이첩 보류 명령을 받고 고민에 고민을 거듭하던 때였다. 김 사령관은 "공정한 수사만이 (채 상병에 대한) 최소한의 예의"라고 박진희 군사보좌관에게 문자를 보냈다. 군사보좌관은 당시 우즈베키스탄에서 장관을 수행하고 있었다. 사단장 처벌에 대해 김 사령관이 확고한 인식을 하고 있었음을 알 수 있다.

수사 과정에서도 김 사령관은 어떤 압력을 넣거나 개입을 한 적이 없었다. 특히 김 사령관과 박 단장 간 신뢰가 상당히 두터웠다고 수사팀 관계자들은 증언한다. 김 사령관은 해병대 수사단 수사 결과에 대해 아무런 불만을 표시하지 않았다. 그는 이후 박정훈 단장에 대한 항명 재판에 증인으로 출석해 "해병대 수사단은 밤낮을 새워 열심히 했고 수사도 잘했다고 인정한다"고 말했다.

국방부 검찰단이 집단항명 사건의 참고인 신분으로 김 사령관을 처음 조사한 것은 8월 2일 저녁이었다. 조사를 마친 김 사령관은 해병대 수사단의 중앙수사대장(중수대장)에게 연락했다. 박 단장은 이미 보직 해임된 상태였다. 해병대 수사단 조직을 잘 추스르라고 전달하면서 김 사령관은 "어차피 우리는 진실되게 했기 때문에 잘못된 건 없다"고 중수대장에게 강조했다.

수사가 진행되던 그 때는 대통령도 엄정 수사를 공언했고 국민들의 분노도 식지 않은 상태여서 윗선까지 책임을 물을 수 있을 분위기가 만들어져 있었다. 참모 가운데 일부는 사단장을 혐의자에서 제외했다가는 무리가 따를 수 있다는 조언도 했다. 어차피 사단장의 과실 책임에 대한 인과관계도 충분하다고 판단되었다. 사령관에 대한 수사 보고가 잘 마무리되었다.

수사 보고 이후 김 사령관은 포항 1사단에서 임 사단장을 만났다. 김 사령관은 임 사단장에게 업무상과실치사 혐의로 경북경찰청에 사건을 이첩할 수밖에 없다는 의견을 전달한 것으로 보인다. 앞으로 힘들 것 같으니 마음을 잘 정리하라는 취지였을 것이다. 이 자리에서 임 사단장은 '잘 알겠습니다'라는 말을 하지 않았다고 한다. 그날 밤 9시가 넘어 임 사단장이 사령관에게 전화를 했다. 그는 수사 결과를 '선뜻 받아들이기 힘들다'는 태도를 표시했다. 당연한 일이었다. 임 사단장은 이미 해병대 수사단 조사에서 부하 대대장들에게 모든 책임을 떠넘긴 터였다.

지금 돌아보면 있어서는 안 될 만남이었다. 법적으로 본다면 이 만남은 문제가 있다. 사건을 이첩하기 전인데 내밀한 수사 정보를 알려준 셈이 되기 때문이다. 사단장 본인도 충격을 받고 위축된 상황에서 엉뚱한 생각을 가질지도 모를 일이었다. 무엇보다 해군참모총장과 국방부 장관에 대한 보고가 남아 있으므로 수사 보안상 조심해야 했다. 그러나 사령관과 1사단장은 전쟁 시에 서로 목숨을 같이해야 하는 자리이고 둘은 해병대에서 오랫동안 한솥밥을 먹은 사이였다. 인간적으로 본다면 이첩이 이뤄진 직후 통보한다는 것도 너무 모진 일이었을지 모른다. 법과 인정은 때때로 그 간극이 크다. 해병대 수사단장이 집단항명의 수괴로 몰릴 것이라고 누가 짐작이나 했겠는가.

그때로서는 박정훈 수사단장도 어찌할 수 없는 일이었다. 하지만 지금 돌아보면 해선 안 되는 일이었다. 임성근 1사단장은 이첩 사실을 통보받고 적극적으로 구명 작업을 했는지도 모른다. 거기다 무슨 연유인지 알 수 없지만 용산 대통령 안보실에 파견 나간 해병대 소속 김형래 대령이 해병대 수사단 중수대장에게 연락을 해왔다. '장관 보고서'를 보내달라는 요청이었다. 국방부 장관 보고 이틀 전의 일이다. 구약성경을 보면 신은 롯에게 "뒤를 돌아보지 마라"고 했다. 그러나 롯의 아내는 뒤를 돌아보았고 소금기둥이 되고 말았다. 작든 크든 실수 하나하나를 되짚어보는 일은 인간으로서는 어쩔 수 없는 일이다.

주요 사건 경과표(7. 15.~7. 29.)

7. 15.(토)	13:30	경북도청에서 임성근 해병대 1사단장에게 지원요청
7. 17.(월)	08:30	김계환 해병대 사령관 주관 긴급 지휘관 회의, 제2신속기동부대 출동 결정
	10:00	합참 단편명령, 호우피해 복구 작전 지원부대 작전통제 전환 하달
	11:00	해병대 1사단 7여단 지휘부 경북 예천 수해 현장으로 출발
	16:00	채수근 상병 소속 부대(해병대 1사단 포7대대) 수해 현장으로 출발
7. 18.(화)	06:45	7여단장이 주요 간부 129명 있는 카톡 단체방에 주임원사가 촬영한 현장 상황 동영상 등을 올림
	10:31	포7대대장과 포11대대장 카톡 대화: "수변 일대 수색이 겁난다"고 하며 강물 찍은 사진 올림
	10:32	71대대장이 7여단장에게 실종자 사체 1구 발견 보고
	16:22	카톡으로 사단장 지시사항(바둑판식 수색 등) 전파
	16:27	1사단장이 7여단장과 통화하며 포병부대 정신교육 철저히 시키라고 지시
	16:47	포11대대장, "나 미칠 것 같음, 개쪽 팔고 있음"
	석식	7여단장이 포11대대장과 저녁으로 도시락을 먹으며 71대대 포상 관련 대화
	20:30	1사단장 주관 VTC(화상원격회의)
	20:50	7여단장 주관 VTC
	21:46	포11대대장 및 포7대대장 지시사항 전파 "허리 아래쪽까지 입수 허용"
7. 19.(수)	07:04	1사단장이 정훈공보실장에게 "훌륭하게 공보활동이 이뤄졌구나"라고 답변

1부 비극의 씨앗

	08:30	채 상병 소속 부대 작전 투입
	09:05	채 상병 실종, 예천군 보문교 남단 약 100미터 지점
	23:08	채 상병 심정지 상태로 발견, 실종 장소에서 6.5킬로미터 떨어진 고평교 하류 약 400미터 지점
7. 20.(목)	00:43	해군포항병원 후송
	02:13	사망판정
7. 21.(금)		유가족 상대 1차 중간 수사 결과 설명 안보실, 해병대에 수사계획서 제공 요구
7. 22.(토)		채 상병 영결식 박정훈 해병대 수사단장, 사령관에게 7월 24일부터 포항에서 직접 사건 지휘 하겠다고 보고
7. 24.(월)		김 사령관이 박 단장에게 "1사단장 지휘권 없다는 주장 하지 않도록 당부"
7. 25.(화)		박 단장이 1사단장에게 사령관 당부 전달
7. 28.(금)	07:20	사령관에게 수사 결과 보고
	14:00	유가족에 수사 결과 설명 안보실에 파견된 김형래 해병대 대령이 해병대 수사단 중수대장에게 장관 보고서 요청
7. 29.(토)		1사단장, 사령관에게 도의적 책임 다 지겠다고 말함

2부

VIP의 격노

1

'VIP 격노'의 진실

사령관께서 VIP 대통령 언급을 저한테 한 것은 명확합니다. 그분께서 왜 그렇게 진술하셨는지, 말씀하셨는지 추정은 되지만 언급하지 않겠습니다. 당시 상황은 저의 위치, 사령관님의 위치, 무슨 말씀을 하셨는지, 사령관님의 고개 끄덕임 모두 상세하게 제가 기억하고 있고, 7월 31일(2023년) '혐의자 변경 시 문제점 관련 보고서'에 BH[1] 등을 이야기한 것도 부하들과 이야기할 때 언급이 되었습니다. 제가 거짓말을 한다면 한 시간 채 남짓 되는데 부하들에게 공개적으로 거짓말을 한 것입니다. 그리고 사령관님에게 보고서를 드렸고, 본인께서도 자신의 수첩에 넣으셨습니다. 또 다음 날에는 박진희 국방부 장관 군사보좌관에게 보고서에 적힌 내용을 문자로 전달했습니다. 사령관님이 대통령 격노 발언을 하지 않았다는 것은 앞뒤가 맞지 않다는 겁니다. 그래서 사령관님께서 왜 그렇게 말씀하시는지 제가 언급할 사항은 아니지만 분명한 것은 대통령 언급을 사령관님께서 했다는 것입니다. (박정훈 단장)

1　BH는 청와대를 뜻하는데, 당시만 해도 용산으로 대통령실을 옮긴지 1년 남짓밖에 지나지 않아 박 대령은 용산 대통령실을 BH라고 관행적으로 표현했다.

채 상병 사건에서 부조리의 시작은 '대통령(VIP)의 격노'라고 할 수 있다. 윤석열 대통령은 해병대의 수사 결과에 대해 왜 화를 냈을까. "이런 문제로(장병 1명이 사망했다고) 사단장을 처벌하면 대한민국 군에서 누가 사단장을 하겠냐"며 역정을 낸 이유는 무엇일까. 의문의 출발점은 모두 대통령의 격노이다.

'대통령의 격노'는 정말 사실일까. 우선 이것부터 따져봐야겠다. 박정훈 해병대 수사단장은 군검찰 조사 때는 물론 언론 인터뷰에서도 김계환 해병대 사령관이 전해준 대통령의 격노 사실을 생생하게 기억했다. 윤석열 대통령은 지금까지 격노 사실 여부에 대해 단 한 번도 확인도 부인도 하지 않았다. 윤 대통령은 자신에 대한 명예훼손을 절대적으로 엄중하게 생각하는 분이다. 서울중앙지검은 부산저축은행 사건 보도와 관련된 언론인들의 윤 대통령 명예훼손 사건을 열 달이 넘도록 수사하고 있다. 수사 검사도 형사부 소속이 아닌 부정부패 사건을 다루는 특수부 검사들이다. 이름하여 '대선개입 여론조작 사건 수사팀'이다.[2]

김 사령관이 박 단장에게 전했다는 대통령의 격노는 아주 구체적이다. 상황적으로도 딱 맞아떨어진다. 먼저 박 단장이 대통령의 격노에 대해 알게 된 상황을 보자. 대통령의 격노를

[2] 2023년 9월 7일 서울중앙지검은 20대 대통령 선거 과정에서 더불어민주당과 언론이 공모해 유력 후보였던 국민의힘 윤석열 대통령 후보를 겨냥한 허위 인터뷰 등을 보도했다는 의혹과 관련 '대선개입 여론조작 사건 수사팀'을 구성했다. 중앙지검 내에서 특수 및 대형 사건 수사를 전담하는 반부패수사부 소속 및 선거와 명예훼손 혐의 수사에 능통한 검사 10여 명으로 수사팀이 꾸려졌다.

전해 들은 시간은 2023년 7월 31일 월요일 오후 5시경이다. 해병대사령부에서는 김계환 사령관 주재로 오후 4시에 긴급 참모 회의가 열렸다. 이종섭 국방부 장관이 갑작스럽게 이첩 보류 지시를 내렸기 때문이었다. 해병대사령부는 말 그대로 멘탈이 흔들린 상태였다.

김 사령관을 포함한 해병대 수뇌부는 국방부 장관이 이첩 보류 지시를 내린 이유를 알고 싶었다. 장관이 직접 보고받고 결재했던 수사 결과를 만 하루도 지나지 않아 돌연 보류시키라고 지시하니 궁금하지 않으면 사람이 아니었다. 대책 회의는 20여 분 만에 끝났다. 무조건 보류 명령이니 후속 논의도 어려웠다. 김 사령관과 박 단장을 제외한 다른 주요 참모들은 수사에 관한 전문적 문제라 끼어들 처지도 아니었다.

대책 회의를 마친 박 단장은 해병대 수사단으로 복귀했다. 오후 5시경이었다. 김 사령관이 박 단장을 집무실로 호출했다. 박 단장은 회의를 끝내고 자신을 부르기 전까지 사령관이 이첩 보류 지시의 배경을 두고 여기저기 수소문한 것으로 짐작했다. 김 사령관도 장관이 해외 출장을 불과 두어 시간 앞두고 갑자기 국회 설명과 언론브리핑을 취소시킨 이유가 몹시 궁금했을 것이다. 사령부 회의가 열릴 때까지도 그 이유를 알아내지 못한 것 같았다.

사령관 집무실로 혼자 들어갔다. 김 사령관은 책상에 앉아 있었다. 대책 회의 결과를 놓고 이야기를 나누던 중 박 단장은 궁금해졌다. 사령관에게 물었다. "대체 국방부에서는 왜 그러는 것입니까? 사령관님." 김 사령관은 오늘 오전 11시경 대통령실에서 회의가 있었는데 거기서 국방비서관이 대통령에게 해병대 1사단 사망사고 수사 결과를 보고했다고 말했다. 이어 국방비서관은 '사단장 등 8명을 업무상과실치사 혐의가 있는 것으로 경찰에 이관하겠다'는 해병대 수사단의 입장을 보고했다. 그런데 여기서 사달이 났다는 것이다.

대통령은 그 보고를 듣자마자 '국방부 장관을 연결해'라고 말하면서 그간 군사 관련 보고를 받은 것 중에 가장 크게 격노를 했다고 박 단장은 전해 들었다. 대통령이 도대체 이런 걸로 사단장을 처벌하면 대한민국에서 사단장을 누가 하겠냐고 말했다는 내용이었다. 이 말을 듣고 박 단장 또한 얼마나 놀랐던지 사령관에게 다시 질문했다. "정말 VIP가 맞습니까?"

김 사령관은 턱을 양손으로 괸 상태에서 고개를 끄덕이며 '맞다'고 이야기했다. 박 단장은 후에 이 상황에 대해 다음과 같이 말했다. "사령관님도 장관 보고 이후에 갑자기 언론브리핑과 국회 설명이 취소되고, 장관님이 긴급 회의하시는 상황이 발생되는 것이 이해가 안 되니까, 여기저기 확인을 해보신 것 같습니다. 그 내용을 최종 파악을 하시게 되었고, 그래서 대통령에 대한 언급을 그때 저에게 하신 것 같습니다."

김 사령관은 누구에게 대통령의 격노를 들었을까

이날 김계환 해병대 사령관은 대통령 안보실 임기훈 국방비서관과 두 번 통화한 사실이 확인됐다. 첫 통화는 오전 9시 53분이었다. 안보실 수석비서관 회의가 열리기 직전의 통화인 점을 고려할 때, 임 국방비서관과 김 사령관은 해병대 수사단이 발표할 채 상병 사건 수사 기록 이첩과 관련된 내용들을 협의한 것으로 보인다. 두 번째 통화는 오후 5시경에 있었다. 박 단장이 사령관으로부터 '대통령의 격노'를 전해 들었다는 시간과 비슷한 시각이다.

임기훈 국방비서관은 8월 30일 국회운영위원회 회의에서 "국방비서관은 7월 31일 해병대 사령관과 통화한 사실이 있나요?"라는 민주당 윤준병 의원 질문에 "없습니다"라고 답변했다. 재차 물었지만 그는 "저는 사실만을 말씀드릴 뿐입니다"라고 못 박았다. 통화 사실은 나중에 들통났다. 대통령의 격노에 대한 사실 여부를 차치하더라도 대통령실 고위공직자가 국민을 상대로 거짓말을 한 것은 확실하다.[3]

---

3   임기훈 소장은 육사 47기로 대통령 안보실에서 소장으로 근무하다가 2023년 하반기 인사에서 중장으로 진급해 국방대학교 총장을 맡고 있다. 그는 VIP 격노설과 관련된 핵심 인물이다. 8월 30일 국회 운영위에서 그는 "(국방부 장관의 이첩 보류 지시가 이뤄지지 직전인) 7월 31일 오전 11시 안보실 관련 대통령 주재 회의가 있었다"고 인정했다.

2

격노의 충격파

군검찰은 박정훈 수사단장에게 "대통령의 격노를 입증할 증거가 있냐"고 따졌다. 윤석열 대통령 본인과 당시 대통령실 회의에 참석했던 안보실 관계자들이 입을 열지 않는 한 '대통령의 격노'를 직접 입증할 방법은 없다. 하지만 대통령의 격노에 대한 박 단장의 기억은 아주 구체적이었다. 또한 김계환 해병대 사령관이 대통령의 격노를 언급한 전후 사정과도 아귀가 들어맞는다. 박 단장의 변호인인 김정민 변호사는 〈대통령의 격노를 입증하는 간접증거〉를 정리해 박 단장의 항명 사건 재판부에 제출한 적이 있다.

대통령 격노를 입증하는 간접증거

1. 2023.7.31. 10:00경 대통령 주재회의 개최
2. 국방부 장관이 사령관에게 이첩 보류를 지시한 시기가 회의 직후인 11시 56분경
3. 2023.7.31. 17:00경 박 단장이 사령관에게 대통령 격노 이야기를 듣고 부하에게 전달

4. 2023.7.31. 17:42경 출력된 문건에 BH의 법적, 정치적 책임이 언급됨

5. 2023.8.2. 이첩이 강행된 사실이 안보실에 전달. 대통령실 공직기강비서관과 국방부 법무관리관 등의 통화

6. 2023.7.21. 대통령 안보실이 해병대 수사단에 수사계획서 요구

7. 이첩 보류 지시에 대한 이종섭 장관의 오락가락 해명

8. 경북경찰청이 이첩 기록을 허무하게 빼앗김

박 단장의 이야기를 더 따라가보자. 그는 사령관에게 충격적 소식을 들은 뒤 해병대 수사단으로 곧장 내려왔다. 박 단장은 머리가 복잡해졌다. VIP께서 화가 단단히 났다고 했다. 해병대 사령부 긴급 회의에서는 채 상병 사건 수사 결과를 국방부 조사본부로 이첩하는 방안을 사령관에게 제시했다. 하지만 국방부가 해병대 요구를 받아들일지는 알 수 없는 일이다 보니 걱정이 이만저만이 아니었다. 사령관실에서 나오기 직전 박 단장은 "국방부 지시대로 할 경우 예상되는 문제점을 정리해 국방부에 다시 한번 이런 문제점이 있으니 재고해달라고 건의드릴 수 있도록 준비하겠습니다"라고 사령관에게 보고했다.

수사단에 내려와 곧바로 박세진 중수대장실로 갔다. 마침 채 상병 사건 수사를 주도했던 최준영 제1광역수사대장(광수대장)도 함께 있었다. 국방부 장관 이첩 보류 지시로 해병대 수사단도 비상이 걸린 상태였다. 해병대 수사단은 국방부 지시대로 할 경우 예상되는 문제점에 대한 보고서를 작성하기 시작했다.

제1광수대장이 중수대장의 PC 앞에 앉았다. 그들은 다음과 같은 보고서를 작성했다.

고 상병 채수근 익사사건의 관계자 변경 시 예상되는 문제점

1. 수사과정에서 상급제대 의견에 의한 관계자 변경 시 '직권남용권리행사방해' 혐의에 해당

　ㅡ언론 등 노출될 경우 BH 및 국방부는 정치적, 법적 책임에서 자유롭지 못함

2. 유족의 여론 악화 우려

　ㅡ유가족 설명 시 채 상병 부친은 사단장 관련 혐의 사실에 가장 책임이 있다는 의견 표명

　ㅡ사단장을 관계자에서 제외했을 시 유가족을 납득시킬 수 있는 사유가 없음

　ㅡ상급제대 의견에 따라 관계자가 변경되었다는 것을 유가족이 알게 될 시, 더 큰 의혹 제기 가능성이 높으며, 야당으로부터 현 정부 불신조장 등 정쟁의 대상이 될 것으로 예상

3. 본 사건 처리의 주체가 경찰인 만큼 군사경찰 수사단계에서 관계자를 변경하는 것은 실익이 없음.

　ㅡ경찰 수사단계에서 혐의자(관계자)가 추가될 수도, 제외될 수도 있음

　ㅡ현 상황에서 관계자를 변경하였을 시 경찰 수사단계에서 관계자 변경에 관련된 의혹이 언론 등 외부 노출될 소지가 충분함

1번 내용을 보면 "언론 등 노출될 경우 BH 및 국방부는 정치적, 법적 책임에서 자유롭지 못함"이라고 적혀 있다. 박 단장은 이 내용을 언급하며 군검사에게 설명했다. "제가 대통령 이야기를 지어낸 것도 아니고, 'BH, 정치적 책임'이라는 문구가 이 문건에 기재된 이유도 대통령에 관한 이야기를 듣고 수사단에 복귀해서 해병대 수사단의 중수대장, 광수대장, 수사지도관에게 방금 사령관님께 들었던 이야기를 모두 했기 때문에 문건에 기재된 것입니다."

해병대 수사단은 이 보고서를 7월 31일 월요일 오후 5시 50분경 출력했다. 출력하자마자 박 단장은 사령관실에 다시 올라갔다. 박 단장이 보고서를 전달하자 김 사령관은 한번 읽어보더니 절반으로 접어서 자신의 수첩에 끼워넣었다. 그 수첩은 A4용지 절반 정도의 크기로, 연한 황토색 표지에는 해병대 앵커(닻) 심벌이 찍혀 있었다.[4]

대통령의 격노가 없었다면 박정훈 대령 항명 사건도 없었을 것이다. 김정민 변호사가 말한 대로 대통령 격노의 정황 증거들은 수없이 많다. 격노와 항명 사건을 따로 떼놓고 볼 수 없는 이유다. 윤석열 대통령은 채 상병 사망 사건이 발생하자 엄정한 수사를 지시했다. 해병대 수사단이 임성근 1사단장에게 지휘 책임을 물으려고 했던 것도 대통령의 엄정 수사 지시가

4   함정이 정박 또는 정선할 때 쓰이는 닻은 해양 또는 해군을 상징한다. 해병대의 부대마크 중앙에는 해병대 고유의 임무인 상륙 작전을 의미하는 기울어진 닻이 있다.

있었기 때문이다.

사실 군에서 장군급은 고사하고 연대장급인 대령조차 지휘 책임을 물어 법적으로 처벌하는 건 쉬운 일이 아니다. 군검찰조차 그렇다. 가뜩이나 해병대 수사단은 군사경찰에 불과하다. 대통령의 엄정 수사 지시가 없었다면 해병대 수사단이 임성근 1사단장의 책임을 묻는 일은 가능하지 않았다. 그들은 대통령 지시에 힘입어 성역 없이 조사하기로 마음먹었던 것이다. 해병대는 별 3개의 중장급인 사령관을 필두로 별이 1개인 준장까지 장군 수가 기껏해야 9명에 불과한 조직이다. 그중 1사단과 2사단은 해병대의 핵심 전투부대로 사단장은 소장급(2성) 핵심 지휘관들이다.

이 책의 시작과 끝은 모두 윤석열 대통령의 격노에 관한 이야기일지 모른다. 그는 채 상병 사건이라는 정삼각형의 꼭짓점이라고 할 수 있다. 채 상병 사건 수사 기록 이첩까지 과정과 국방부의 수사 외압, 국방부 검찰단의 불법적인 수사 기록 회수, 그리고 박 단장에 대한 집단항명수괴 혐의 적용 등은 모두 그 꼭짓점에서 출발한다.[5]

그 격노의 정황들을 단편적으로 정리하는 것은 불가능하

5   공수처가 실시한 김계환 해병대 사령관의 휴대폰 포렌식 결과, 김 사령관이 해병대 공보참모와 통화하면서 '대통령의 격노 사실'을 전제로 대화를 나눈 내용이 발견됐다. 공수처는 또 김 사령관이 2023년 8월 1일 오전 8시경에 열린 참모회의에서 '대통령의 격노'에 대해 언급한 진술까지 확보했다. 이와 관련하여 공수처는 2024년 5월 21일, 김 사령관과 박 단장 간 대질신문을 추진했지만 김 사령관 거부로 실현되지 못했다.

다. 그 정황들은 채 상병 사건 이후 벌어진 모든 사건 속에 녹아 있다. 이 책에서는 사건을 해병대 수사단에 대한 국방부의 수사 외압, 대통령실과 국방부 검찰단의 이첩 기록 불법 회수 및 박정훈 단장에 대한 집단항명수괴 처벌로 나누어 대통령의 격노로 인한 파장과 후과, 실체에 대해 하나하나 파헤쳐 보려고 한다.

3

국방부 장관 결재 완료

7월 28일 유가족들에게 수사 결과를 설명한 이후, 해병대사령부에서는 임성근 사단장에 대한 후임 인사 검토가 진행됐습니다. 임성근 사단장 등 8명을 업무상과실치사 혐의로 경찰에 이첩하기로 결정한 데 따른 것입니다. 원래는 월요일인 7월 31일 오전에 국방부 장관님께 보고가 계획됐습니다. 그러나 장관님의 해외 출장 일정이 타이트하다 보니까, 출장 전 보고를 드려서 당장 인사조치를 하려고 일요일인 7월 30일에 보고하게 된 것입니다. 그런데 느닷없이 장관님께 '사단장 후임을 누구 보내겠습니다'라고 말씀드리는 게 순서가 맞지 않아 수사 결과를 먼저 말씀드리게 된 겁니다. 원래는 수사 결과에 대해 해군참모총장님께는 해군수사단에서, 장관님께는 국방부 조사본부에서 보고하는 건데 그것을 더 기다리기에는 장관님 해외 출장 일정이 촉급하다보니까 7월 30일 일요일 보고를 하게 된 것입니다. 제가 보고에 따라간 것도 그 이유 때문입니다. 7월 29일 토요일인가 제가 사령관님께 문의 드린 것으로 기억나는데 제가 '왜 일요일 날 급하게 참모총장님과 장관님께 보고드려야 하는지'를 사령관님께 물어보았습니다. 그랬더니 해병대 장군 인사는 총장님 권한이고 또 장

군 인사에 관해서는 국방부 장군인사과에서 조치를 해야 돼서 보고 드리는 것이라고 했습니다. (박정훈 단장)

채수근 상병 사망 사건 수사 결과를 이종섭 국방부 장관에게 보고한 것은 7월 30일 일요일이었다. 이종섭 국방부 장관은 다음날인 31일 월요일 우즈베키스탄을 방문할 예정이었다. 장관 보고가 휴일에 급작스럽게 잡힌 이유는 장관의 해외 방문 일정 때문이었다. 하지만 군인이 사망하는 경우 그 원인이 되는 범죄에 대해서는 지체없이 민간 경찰에 이첩해야 한다는 법 규정 때문이기도 했다. 수사단은 사건 기록을 8월 2일 수요일에 이첩하겠다고 경북경찰청과 약속했다.

군사법원법은 2022년 7월 새로 개정돼 시행됐다. 군인이 사망한 경우 그 원인이 되는 범죄와 성범죄, 군인 신분 이전에 범한 범죄 등 3대 범죄에 대해선 군사경찰이 아닌 민간 수사기관에 지체없이 이첩해 수사와 재판을 받도록 하는 내용이다. 그동안 군의 부실 수사나 '제 식구 감싸기 식 수사'로 인해 사건이 묻히는 경우가 군 내부에서 너무 많았기 때문이다.

해병대 수사단은 장관 보고 이틀 전인 7월 28일 금요일, 김 사령관에게 채 상병 사건 수사 결과를 보고했다. 임성근 해병대 1사단장 등 8명의 업무상과실치사 혐의가 확인돼 사건을 관할인 경북경찰청에 이첩시키겠다는 내용이었다. 같은 내용을 유가족에게도 설명했다. 유가족은 사단장 등 8명에 대해 명확한 처벌이 이뤄지고 경찰로 사건이 인계된 이후에도 지휘고하를 불문하고 수사가 계속 이뤄질 수 있게 해달라고 신신당부했다.

김계환 사령관은 해군참모총장에게 사건 이첩 계획을 보고하고 승인받았다. 수사 결과를 보고한 뒤 사령관은 해군참모총장에게 업무상과실치사 혐의자로 특정된 임성근 해병대 1사단장의 인사조치를 별도로 협의했다. 임성근 1사단장이 혐의자로 특정돼 경찰로 사건이 이첩되는 만큼 중요 부대인 해병대 1사단장직 직무수행이 더 이상 어렵다고 판단했기 때문이다.

이종섭 국방부 장관에 대한 수사 결과 보고는 오후 4시 40분부터 장관 집무실에서 시작됐다. 국방부에서는 이종섭 장관과 허태근 국방부 정책실장, 박진희 국방부 장관 군사보좌관[6] 그리고 전하규 국방부 대변인이 각각 배석했다. 해병대사령부에선 김계환 사령관과 박정훈 수사단장, 이윤세 해병대 공보정훈실장이 참석했다. 박정훈 단장은 '해병대 1사단 고 상병 채수근 사망원인 수사 및 사건처리 관련 보고'라는 문서를 장관에게 보고했다.

채 상병의 사망 원인을 수사한 결과, 해병대 1사단장이 수색작전 임무 부여와 작전 준비가 미흡한 상태에서 긴급하게 부대 지휘관들에게 부대를 현장에 투입하도록 지시한 것으로 확인됐다는 보고였다. 또 임무 수행에 필요한 구명조끼와 로프 등 안전 장비를 휴대하지 않은 것이 채 상병 사망사고의 원인이

6　군사보좌관은 장관의 지시사항, 정책관리, 의전을 맡는 자리로 군 내부에 장관의 뜻을 전달하는 역할을 한다. 박진희는 육사 51기로 육군 준장이고 2023년 하반기 군 인사에서 소장으로 진급해 육군 56사단장을 맡고 있다.

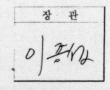
해병대 1사단 故 상병 채수근 사망원인 수사 및 사건처리 관련 보고

'23. 7. 30. (일)

【 수사 결과 (요약) 】

해병대 1사단 故 상병 채수근 사망원인을 수사한 결과,

제대별 지휘관들에게 실종자 수색작전 임무부여와
작전준비가 미흡한 상태에서 긴급하게 현장에 투입되어
임무수행에 필요한 안전장구(구명의, 로프 등)를 휴대하지
않았고,

안전에 관한 지휘관심을 소홀히 하여 실질적인
안전대책을 강구하지 않은 상태에서 수색작전을
실시하였으며,

사단장 작전지도간 지적사항 등으로 예하 지휘관이
지휘부담을 느껴 허리 아래 입수를 지시(전파)하게
되어 사고자가 수색작전 임무수행 중 사망하게 된
것으로 판단됨.

☞ 사단장 등 관계자 8명을 업무상과실치사 혐의로
관할 경찰에 이관 예정임.

해 병 대 사 령 부

박 단장이 보고한 수사 및 사건처리 관련 보고서. 장관 결재 사인이 보인다.

되었다고 설명했다. 특히 임 사단장이 작전 지도를 할 때 지적한 사항은 현장 지휘관들에게 압박이 됐고, 그로 인해 장병들에게 허리 아래까지 물에 들어가란 지시가 이뤄진 것이라고 말했다.

이어서 안전 장비를 휴대하지 않은 경위와 임성근 1사단장 등 각 지휘관들 간 상반된 진술 내용, 그리고 사망자의 입수 및 사망 경위 등을 상세하게 브리핑했다. 마지막으로 임성근 1사단장과 7여단장, 채 상병 소속 대대장 등 8명을 업무상과실치사 혐의로 관할 부서인 경북경찰청 강력범죄수사대에 이관하겠다고 박 단장은 보고했다.

임 사단장의 허위 보고

김 사령관이 박 단장의 보고에 이어서 말했다. 김 사령관은 채 상병 사망사고가 발생했을 때 '임성근 1사단장의 최초 보고'가 잘못됐으며 "장관님께 정정 보고를 드리겠다"고 덧붙였다. 채 상병 사건을 최초 보고할 당시, 임 사단장은 채 상병이 강둑에서 민사 작전을 하다가 강둑 부분이 무너져 물에 빠졌다고 보고했다. 강둑이 무너졌다는 것은 수중에서 수색을 하지 않았다는 말이었다. 그러나 사실은 둑이 무너진 것이 아니라 강물 속에서 수색하던 채 상병이 급류에 휩쓸려 나간 것이라고 김 사령관은 정정했다. 자신은 처음엔 강둑이 무너져 물에 빠졌다는 보고를 받았기 때문에 장병들이 물에 들어갔다는 생각을 전혀 하지 못했고 그래서 장관님께 잘못된 보고를 한 것이라고 사과했다.

김 사령관은 강물의 깊이도 애초 '무릎 높이의 물'이었다고 대통령까지 보고됐는데, 사실은 무릎 높이에서 허리 높이도 있었다고 설명했다. 설명을 듣던 이 장관이 "발목 높이 물에 들어가 땅이 꺼져 물에 빠진 것이 아니냐"고 묻자, 박 단장은 "지휘관들이 허리 아래까지 입수를 허용하였고, 어떤 대원들은 가슴까지 물이 차올라 대단히 위험한 상황이었다고 합니다"라고 보완 설명을 했다. 이 장관은 "그럼 내가 잘못 알고 있었네. 허위 보고를 하였구나"라고 탄식했다.

해병대 1사단 지휘부가 사고 책임에서 벗어나기 위해 고의로 허위 보고를 했는지는 확인되지 않았으나, '우발사고'로 보이게끔 가장하려 한 것이 아닌가 하는 의문을 갖게 한다. 그러나 해병대 사령관이 장관에게 '정정 보고'를 했음에도 불구하고 군검찰단은 임성근 1사단장을 '군사상 허위보고죄'로 입건조차 하지 않았다.

해병대사령부가 임 사단장의 허위 보고를 설명하는 도중에 장관 군사보좌관인 박진희 준장은 급히 인터넷을 검색했다. 박 군사보좌관은 사고 5분 전(채 상병 사고는 7월 19일 오전 9시 5분경 발생)에 촬영된 연합뉴스 사진이라며 그 사진을 장관에게 보여주었다. 이 장관은 사진을 보고 "무릎과 허리 사이구만"이라고 중얼거렸다.

이 장관은 "임성근 1사단장도 형사 처벌의 대상이 되어야 하느냐"고 물었다. 그러자 김 사령관은 "사단장도 저희가 자체

초동수사를 해보니까 과실의 혐의가 있고 또 어느 정도 물증이 확보돼서 수사의 주체인 경찰로 넘겨 정확하게 입건 여부를 판단하도록 해야 합니다"라고 대답했다. 사령관 답변이 너무 정확해서 박 단장도 짐짓 놀랐다. "사령관님이 설명을 잘하시는데"라고 혼자 생각했다. 그러자 이 장관은 "그래 알았다"며 옆에 있는 전하규 국방부 대변인에게 수사 결과 보고 내용에 대해 "어떻게 생각하냐"고 의견을 물었다.[7]

전 대변인은 "내일 이 사건에 대한 언론브리핑이 있을 예정인데 '충북 오송 지하차도 침수사고'도 있고,[8] 사단장까지 처벌 범위에 포함되어 있어 국민들이 보기에 엄정하게 수사가 잘되었다고 생각할 것 같다"고 의견을 말했다. 해병대 수사단 수사에 전폭적인 공감을 표시한 것이다. 허태근 국방부 정책실장에게도 물었다. 허 정책실장 또한 대변인 말에 동의한다는 취지의 대답을 했다. 이날 보고에서 사단장 처벌을 놓고 더 이상의 언급이나 수사상 문제점은 일절 지적되지 않았다.

이 장관은 여단장 처벌에 대해서도 질문을 던졌다. 여단장

---

7 군검찰단은 박 단장에 대해 항명 혐의 외에도 장관에 대한 상관명예훼손 혐의를 추가해 구속영장을 청구했다. 군검찰단의 주장은 이종섭 장관은 이날 보고에서 "임성근 사단장도 형사 처벌 대상이 되어야 하느냐"고 말한 적이 없는데, 박 단장이 언론 인터뷰에서 "보고 당시 사단장의 형사 처벌 문제를 언급했다"고 허위로 꾸며내 장관의 명예를 훼손했다는 것이다.

8 2023년 7월 15일 충북 청주시 오송읍의 궁평2지하차도가 폭우로 인해 침수되어 14명이 사망했다. 침수 당시 지하차도 안에는 차량 17대가 고립됐고, 그 중에는 승객과 운전자를 합쳐 9명이 탑승하고 있었던 시내버스도 1대 포함되어 있었다. 그날 최소 23명이 사고를 당한 것으로 파악되었다.

은 물에 들어가지 말라고 지시했다는데도 형사 책임을 물어야 하는지, 그리고 혐의자로 특정된 초급간부 3명도 수색조에 편성돼 같이 수색하면서 고생했는데 살아남았다는 이유로 그들이 죄인이 되어야 하냐고 물었다. 박 단장은 그 이유를 설명했고, 이 장관은 더 이상의 추가 질문 없이 "모두 수고했다"고 말했다. 이 장관이 보고서에 서명하고 결재했다. 장관에 대한 보고도 끝났다. 이제 경찰로의 사건 이첩만 남게 되었다.

4

영원히 열리지 못한
언론브리핑

사령관님, 노고가 많으십니다. 오늘 보고드린 내용을 안보실에도 보고가 되어야 될 것 같습니다. 내일 아침에는 국방비서관(대통령 안보실 임기훈 소장)에게는 인지가 되어야 될 것 같습니다. 내일 오후 언론 브리핑 시 국회에도 설명하는지요.(박진희 국방부 장관 군사보좌관이 김계환 해병대 사령관에게 보낸 문자)

김계환 사령관과 박정훈 단장은 장관 결재가 끝났으므로 모든 일이 잘 처리됐다고 생각했다. 보고를 마친 김 사령관은 장관에게 잠시 독대를 요청했다. 임성근 1사단장 문제를 협의하기 위한 자리였다. 이종섭 장관은 집무실에서 김 사령관과 단둘이 1사단장 인사 문제를 협의했다.[9]

[9] 이종섭 장관은 8월 21일 열린 국회 국방위에서 "자신은 사령관과 독대를 가진 적이 없다"고 발뺌했다. 수사 결과를 보고받고 나가려고 일어서는 과정에서 "(사령관으로부터) '1사단장이 힘들어한다' 이런 얘기를 들었을 뿐, 별도로 보고받은 바가 없다"고 말했다. 그러나 김계환 사령관은 군검찰 조사에서 "장관님과 저만 있는 상태에서 인사 문제를 보고드렸다"고 밝혔다.

김 사령관은 임성근 1사단장의 분리 파견 계획을 장관에게 보고했다. 해군참모총장에게도 이미 허락을 받은 상태였다. 분리 파견이란 임 사단장을 1사단장직에서 분리하고 해병대사령부로 파견 명령을 내리는 조치였다. 사단장직은 유지하되 근무는 해병대사령부에서 하는 것인데, 사단장 보직 해임을 위한 이전 단계라 할 수 있다. 사단장 인사 문제는 대통령에게도 보고해야 할 사안이었다.[10] 독대는 길지 않았다. 사단장 인사 문제까지 깔끔하게 마무리되었다.

'그때 왜 그랬을까' 하는 이상한 낌새들이 장관 독대가 이뤄지는 동안 연달아 일어났다. 당일에는 무슨 연유인지 알 재간이 없었고, 훗날에서야 깨닫게 되는 낌새들이었다. 박정훈 단장과 이윤세 공보정훈실장은 집무실 밖 대기실에서 사령관이 독대를 마치고 나오길 기다리고 있었다. 허태근 국방부 정책실장과 전하규 대변인은 방을 빠져나갔다.

그때 박진희 군사보좌관이 박 단장에게 다가왔다. 박 군사보좌관은 "장관 보고서 한 부를 줄 수 있냐"고 물었다.[11] 박 단장은 "수사 관계 서류이니 국방부 조사본부로부터 받으라"고 거절했다. 수사 보안상 아무에게나 함부로 줄 수 없었다. 박 군사

10 1사단장 분리 파견 계획은 다음 날 이종섭 장관이 사건 이첩 보류와 언론브리핑 취소 지시를 내리면서 만 하루가 지나지 않아 도로 아미타불이 됐다.
11 박진희 군사보좌관은 이날 장관에게 보고한 사실 및 장관 보고서 관련 내용을 안보실 임기훈 국방비서관에 전달한 것으로 보인다. 그는 또한 이날부터 군검찰단이 해병대 수사단의 이첩 서류를 회수해 가는 8월 2일까지 김계환 사령관과 연락을 계속 주고받으며 외압 과정에 핵심적 역할을 한다.

보좌관이 나간 후 공보정훈실장이 "왜 보고서를 달라고 하지" 라며 의문을 표시했다. 두 사람은 '알 수 없다'는 표정으로 보조 탁자에 놓여 있는 과자를 몇 개 집어 들었다.

군사보좌관의 요구는 여기서 끝이 아니었다. 김 사령관이 해병대사령부로 돌아오고 있는데 박 군사보좌관의 문자(7월 30일 17시 49분)가 왔다. "사령관님, 노고가 많으십니다. 오늘 보고드린 내용을 안보실에도 보고가 되어야 될 것 같습니다. 내일 아침에는 국방비서관(대통령 안보실 임기훈 소장)에게는 인지가 돼야 될 것 같습니다. 내일 오후 언론브리핑 시 국회에도 설명하는지요"라는 내용이었다.

장관 보고를 마치고 1시간도 지나지 않았다. 채 상병 사망 사건 수사 당시 안보실에 파견된 해병대 대령이 장관 보고서를 달라고 부탁한 데 이어 '대통령 안보실'이 또 등장했다. 채 상병 사건 수사와 안보실이 무슨 관계가 있는 걸까. 박 단장은 '대통령 안보실의 국방비서관'이 무엇을 의미하고, 어떤 후폭풍을 가져올지 전혀 예상하지 못했다.

김 사령관이 해병대사령부에 도착했다. 얼마 지나지 않아 또 안보실에 파견 나가 있는 김형래 대령이 직접 문자를 보내 왔다. '수사 결과 보고서를 보내달라'는 내용이었다. 안보실장님이 궁금해한다고도 말했다. 김 사령관은 박 단장에게 전화를 걸어 수사 보고서를 김 대령한테 보내줄 수 있냐고 물었다. 박 단장이 어렵다고 하자 '수사 보고서를 보낼 수 없으면 내일 예정된 언론브리핑 자료라도 보내라'고 지시했다.[12]

사령관 지시를 받은 박 단장은 동료 부하에게 언론 보도자료를 안보실의 김 대령에게 전해주라고 말했다. 수사단에서 국방메일로 보도자료를 보내주었다. 그런데 김 대령이 뜻밖의 답변을 보내왔다. "이거 알리지 마, 아무 데도 말하지 마"라는 요구였다. 국방부는 "보도자료는 모두 협조되는 거"라고 얼버무렸는데 김 대령은 왜 보안 요구를 했을까. 안보실이 왜 해병대수사단의 수사에 촉각을 곤두세우고 있는 걸까. 그때까지 해병대사령부에서는 그 누구도 이런 궁금증을 갖지 않았다.

이상한 낌새였지만 그 누구도 알아채지 못한 채 7월 31일 월요일 날이 밝아 왔다. 이날 오후 2시 채 상병 사건 수사 결과를 국방부 기자단에 설명하기로 되어 있었다. 김 사령관은 전날 장관에게 보고한 대로 임성근 1사단장에 대해 해병대사령부 근무를 명하는 파견 명령을 내렸다. 임 사단장은 이미 사직 의사를 밝힌 상태였다.

국방부는 오전 10시 30분에 정례브리핑을 열었다. 채 상병 사건에 대한 기자들의 질문이 있었지만, 해병대 대외협력장교는 "오늘 오후에 예정된 수사 브리핑에서 자세하게 설명드리겠다"고 약속했다. 그러나 그 언론브리핑은 영원히 열리지 못했다.

---

12 군검찰 조사에서 박정훈 단장은 권인태 해병대 정책실장이 회의석상에서 사령관에게 말한 내용을 진술했다. '임기훈 안보실 국방비서관이 장관에게 보고한 수사 결과 보고서를 보내달라고 한다. 안보실장께 보고해야 한다고 말했다'는 내용이었다. 박정훈 단장은 이를 듣고 "안 그래도 저한테도 전화가 왔었는데 수사 중인 사항을 그쪽에 보내주는 것은 안 맞는 것 같습니다"라고 말했다고 진술했다.

5

대통령실과 국방부 간의 긴박한 전화

7월 31일 월요일 오전 11시 45분에서 50분경이었다. 이종섭 장관은 점심을 먹고 오후 2시 30분 우즈베키스탄 방문을 위해 공항으로 출발할 예정이었다. 갑자기 대통령실에서 국방부 장관실로 전화가 걸려왔다. 02로 시작하는 대통령실의 유선전화였다.

대통령실과 통화를 마치고 몇 분 남짓 지난 11시 57분, 이종섭 장관은 김계환 사령관에게 급히 전화를 걸었다. 김 사령관은 막 오찬에 들어가려던 참이었다. 이 장관은 "사령관님! 오늘 오후 2시에 예정된 해병대 수사단의 채 상병 수사 결과 언론브리핑과 국회 설명을 취소하시오. 그리고 경찰에 사건을 이첩하는 것도 보류하시오"라고 지시했다. 사령관도 사령부 관계자들도 모두 당황했다. 자세한 자초지종을 물을 수 있는 상황도 아니었다. 김 사령관은 즉시 국방부 청사에서 언론브리핑을 준비하고 있는 박정훈 단장과 이윤세 공보정훈실장에게 연락했다. "브리핑이 취소됐으니 부대로 복귀하라"고 지시했다.

아직까지 사실이 밝혀지지 않았지만 대통령실에서 온 전화의 주인공은 윤석열 대통령일 개연성이 매우 높다. 안보실 회의에서 윤 대통령이 불같이 화를 내며 "국방부 장관 연락해!"라고 말했다고 김 사령관은 박 단장에게 전했다.

항명 사건이 터지고 논란이 커지자 이 장관은 국회에서 "이첩 보류 지시는 자신의 결정"이라고 강변했다. 그러나 두 시간 뒤 우즈베키스탄 순방을 위해 공항으로 떠나야 하는 사람이 점심을 목전에 둔 시각에 자신이 어제 내렸던 결정을 갑자기 뒤집고 명령을 번복한다는 것은 상식적이지 않다. 결정 번복에 대한 이 장관의 해명은 점입가경이었다. 처음에는 "경찰에 이첩하기로 한 8명의 혐의자 가운데 부사관급의 초급간부들의 처벌에 대해 다른 일정들을 소화하면서 다시 짚어봐야겠다는 판단이 들어 이첩을 보류시켰다"고 말했다.

국회 국방위와 운영위 등에서 의원들의 추궁이 계속되자 그다음엔 "제가 결재를 할 때도 확신이 있어서 한 것은 아니었습니다", "원래 사건을 이첩할 때도 장관 서명결재는 필요없습니다"라는 등 오락가락하는 발언을 거듭했다. 급기야는 "변명으로 들리시겠지만 (우즈베키스탄 출장 준비로) 보고가 워낙 많아 깊이 있게 생각할 겨를이 없었습니다"라고 토로했다.[13]

이 장관이 김 사령관에게 언론브리핑 취소와 이첩 보류 지시를 통보하기 전, 결정 번복 사실을 아는 장관 참모가 단 1명도 없었다. 사령관의 복귀 명령 직후 사령관 참모 가운데 1명이 국방부 전하규 대변인에게 "언론브리핑 취소가 어떻게 된 일이냐"고 물었지만, 전 대변인조차 깜짝 놀라며 "알아보겠다"고 답했다.

이 장관 역시 결재도 번복해야 하고 해외 순방도 가야 해서 호떡집에 불난 것처럼 정신이 없었다. 이 장관은 공항 출발 1시간 전인 오후 1시 30분쯤 장관실에서 긴급 현안 토의를 소집했다. 해병대 수사단의 전날 보고에 동석했던 허태근 정책실장과 전하규 대변인 외에 군법무관인 유재은 법무관리관이 새로 참석했다. 이 장관은 회의 도중 유 법무관리관을 불렀다. 법무관리관이 회의실에 들어오자 장관은 "법무관리관은 해병대 사건에 대해 아무것도 모르지?"라고 물었다. 그러자 유 법무관리관은 "예, 모릅니다"라고 대답했다.[14]

유 법무관리관은 군검찰 조사에서 "현안 토의에서 해병대

---

13 이종섭 장관 측 변호인은 2024년 5월 24일 의견서를 통해 "VIP 격노설을 들은 바 없다"고 말하며 격노설을 부인했다. 그러나 변호인은 "만약 대통령이 '사단장을 빼라'고 격노해 지시한 것이 사실이라 해도, 결과적으로 이종섭 장관이 하고 싶지 않은 일, 즉 자신의 결재를 번복함으로써 의무 없는 일을 한 셈인데, 왜 피해자인 이 장관이 피고발인 신분이 돼야 하는거냐"고 밝혔다. 이 장관은 작년 8월 국회에서 "이첩 결정은 자신의 결정"이라고 말했는데, 변호인은 이제 와 "이종섭도 피해자"라고 주장하니 어느 장단에 춤을 춰야 할지 모를 일이다.

14 유재은 법무관리관은 박정훈 수사단장에게 국방부 외압의 당사자로 지목받은 인물이다. 법무관리관은 국방 관련 법령 등 군 사법 제도 및 군내 인권 정책을 총괄 조정하는 국방부 국장급 직책이다. 유재은은 공군과 해군에서 잇따라 군내 여군 부사관 성폭행 사건이 잇따르자 문재인 정부 시절 여성 시각을 반영하겠다며 여성 최초로 법무관리관으로 발탁됐다. 업무 관련성으로 살펴볼 때 법무관리관은 이 사건에 등장할 하등의 이유가 없다. 유 법무관리관은 채 상병 사건 수사에 대해 전후 사정을 파악하지 못한 채 장관 지시로 관여하다가 박정훈 단장으로부터 수사 외압을 행사하고 있냐는 말을 들어야 했다.

수사단 조사 결과 보고에 대해 어떤 이야기가 있었냐"는 질문에 "장관님이 사건의 내용에 대해 말씀해주신 것은 없었습니다. 저는 군사법원법상 이첩 방법에 대한 원론적 부분에 대해서만 설명을 했습니다"라고 말했다. 해병대 수사단의 수사 내용은 전혀 모른 채 원론적인 법률 조언만 했다는 것이다.

그러나 법무관리관의 진술을 액면 그대로 믿기는 어렵다. 전하규 국방부 대변인은 "법무관리관이 군사법원법상 경찰 이첩에 관한 원칙을 설명하면서 경찰 수사에 영향을 미칠 우려가 있는 부분은 삭제할 수 있다는 조언을 했다"고 말했다. 작전과 관련해서는 군 수사기관이 더 전문적이기 때문에 군 수사기관의 혐의 관련 의견이 있으면 경찰 측이 그 의견을 존중한다는 취지의 설명이었다.

이 진술은 매우 중요한 의미를 갖는다. 나중에 더 자세히 살펴보겠지만 이 진술은 국방부의 수사 외압 논란과 직접 연관되기 때문이다. 박정훈 단장은 "법무관리관이 수사 결과에서 혐의자와 혐의 내용을 빼라고 외압을 가했다"고 말했다. 국방부의 수사 외압과 박정훈 단장의 항명죄는 서로 대척된다. 둘 중 어느 하나가 맞다면, 다른 하나는 무죄가 돼야 하는 것이다.

긴급 현안 토의 도중 이종섭 장관은 서울에 나와 있는 해병대 간부가 있으면 빨리 수배해서 장관실로 보내라고 해병대에 지시했다. 때마침 채 상병 사건 수사 결과의 국회 설명을 위해 정종범 해병대 부사령관이 국회에 나와 있었다. 정 부사령관은 2시 10분경 국방부에 도착했다.

장관은 정 부사령관에게 부랴부랴 지시를 내렸다. 장관의 지시를 부사령관이 얼마나 빨리 받아 적었는지 다른 사람들은 그 글씨를 알아보기도 힘들었다. 정 부사령관은 수첩 메모 첫 페이지에 "장관 집무실, 7월 31일, 14시 17분~20분"이라고 적었다. 불과 3분 만에 10가지 지시 내용을 받아 적었다는 사실을 짐작할 수 있다.

수첩에 받아 적은 지시사항은 다음과 같은데 해독하기 어려운 글자에 ▲표시를 했다.

① 최종 정리(법무)

② 원래 수사는 수사 결과 나오면 언론. *검찰 기소한 이후

③ 잠정 8월 9일 → ??

④ 유가족, 민간 경찰 오해 ▲▲사지 않으면

⑤ 누구누구 수사 언동하면 안 됨

⑥ 휴가 처리 난 후, 보고 이후 형식적 휴가처리

⑦ 법적 검토 결과, 사람에 대해서 조치·혐의는 안 됨. 우리가 송치하는 모습이 보임

⑧ 언론보도 관련, 경찰의 공정한 수사에 영향을 줄 가능성이 있음. 설명하면 안 됨

⑨ 경찰이 필요한 수사자료만 주면 됨

⑩ 법무관리관이 수사단장에게 전화 검토

정 부사령관도 무슨 뜻인지도 모르고 받아 적기만 했다. 그는

장관실에서 나온 뒤 박 단장과의 통화에서 "정훈아! 나는 무슨 말인지 잘 모르겠다. 회의에 참석한 국방부 법무관리관이 너에게 전화를 할 것이다"라고 전했다. 유재은 법무관리관의 말을 들어봐도 당시 현안 토의 상황이 얼마나 어수선한 분위기였는지를 짐작할 수 있다.

당시 현안 토의가 거의 끝나가는 와중에 부사령관이 회의에 들어왔습니다. 장관님께서 해외 출장을 나가기 위해 일어나기 시작한 상황이라 어수선했습니다. 그래서 지시하는 내용을 주의깊게 듣지는 못했습니다. 나중에 부사령관이 저에게 내용을 전달했는데 제가 해병대 수사단장과 통화를 해서 회의 때 있었던 군사법원법상 이첩방안에 대한 검토를 하라는 것으로 이해했습니다.(유재은 법무관리관)

유 법무관리관 말이 어디까지 사실인지 알 수 없다. 부사령관이 장관 지시를 받아 적는 동안 유 법무관리관도 동석했는데, 아무리 어수선한 상황이었어도 나중에 부사령관에게서 장관 지시사항을 다시 전달받았다고 하는 것을 어떻게 이해해야 할지 모르겠다.

오히려 군검찰이 박정훈 단장에 대한 항명 사건의 구속영장청구서에서 장관의 10가지 지시사항의 골자를 손쉽게 풀이해 주었다. 군검찰에 따르면 장관 지시사항은 **①수사 자료는 법무관리관실에서 최종 정리를 해야 하는데, 혐의자를 특정하지 않고, 경찰에 필요한 자료만 주면 된다 ②수사 결과는 경찰에서 최**

종 언론 설명 등을 해야 한다 ③장관이 8월 9일 현안 보고 이후, 조사 결과를 보고해야 한다 ④유가족들이 오해하지 않도록 해야 한다는 것이다.

장관의 '10가지 지시'는 국방부의 수사 외압과 박정훈 단장의 항명 사건에서 알파이자 오메가이다. 채 상병 사건 수사 외압의 '판도라 상자'라고 해도 절대 과언이 아니다. 모든 것은 여기서 출발한다. 그중에서도 "혐의자를 특정하지 말라"는 장관의 지시는 박 단장과 유재은 법무관리관 사이에 두고두고 충돌의 불씨가 되었다. 그것은 임성근 1사단장과 7여단장 등을 빼고 현장 지휘관인 대대장 2명만 처벌하라는 장관의 지시였다. 명백하게 해병대 수사단의 조사 결과를 뒤집으라는 것이었다. 해병대 수사단에게 조사 내용을 그들의 판단과 다르게 조작하고 수정하라는 명령이었다.

또 다른 핵심은 이 '10가지 지시'를 **누가** 고안했냐는 것이다. 정종범 부사령관에 내린 장관의 '10가지 지시'는 수사와 언론, 유가족 대책에서 다소 거칠지만 핵심적 사항들을 총망라하고 있다. 단순한 이첩 보류 지시가 아니고 멀쩡한 수사 기록을 조작·왜곡해 이첩하라는 지시를 수사단에 한 것이다.

이종섭 장관은 대통령실 전화를 받고 김계환 사령관에게 이첩 보류를 지시했다. 국방부 참모들은 오후 1시 30분 현안 토의에서 이 사실들을 알게 되었다. 그렇다면 장관은 국방부가 아닌 다른 누군가로부터 '10가지 지시' 내용을 전달받았을 가능성이 매우 높다. 법률적 대응은 물론 언론 대책까지 포함하고 있다는 점에서 대통령 공직기강비서관실의 등장은 이와 관련해 의미심장하다고 봐야 하지 않을까.

6

국방부 법무관리관의 등장

박정훈 수사단장과 유재은 국방부 법무관리관 통화 내용 요약

7. 31.(월)		
15:18	유→박	유 법무관리관은 민간 경찰 사건 이첩과 관련 여러 방법이 있다고 이야기했다고 주장. 그러나 박정훈 수사단장은 유 법무관리관이 '혐의자 및 혐의 내용을 빼라, 죄명을 빼라'고 요구했다고 말함

8. 1.(화)		
09:13	유→박	유 법무관리관이 사건 인계서를 보내달라 요구해서 통화 이후 보내줌
09:42	유→박	유 법무관리관이 사건 기록 목록도 보내달라고 요구
09:43	유→박	해병대 사령관 집무실에서 유 법무관리관과 통화. 11분 42초간의 통화에서 두 사람은 언성을 높이며 논쟁함. 유 법무관리관이 "혐의자와 혐의 내용을 빼고 업무상과실치사 죄명도 사건 인계서에서 빼야 한다"고 요구하자 박정훈 단장은 "직접적 과실이 있는 사람이라면 물에 들어가라고 지시한 대대장 이하를 말하는 것이냐"고 물음. 이에 대해 유 법무관리관이 "그렇다"고 하자 박 단장은 "수사권은 경찰에 있으니 경찰에서 최종판단하면 될 것 아니냐"고 응수

16:07	박→유	해병대 수사단 중수대장 방에서 수사관들이 동석한 가운데 유 법무관리관과 스피커폰으로 통화. 박 단장이 "사단장실에서 언성을 높여 미안하다"고 사과한 뒤 "그런데 장관님에게도 대면보고하고 결재본도 갖고 있는데 그것과 다른 내용으로 경찰에 이첩하면 문제가 되지 않겠냐"고 말함. 유 법무관리관은 "결재본이 있는지 몰랐다. 차관님과 이야기해보겠다"고 하고 통화 종료

7월 31일 월요일 이종섭 장관은 '10가지 지시'를 남기고 총총히 해외 출장을 떠났다. '10가지 지시'에서 핵심은 "수사 자료를 법무관리관실이 최종 정리하고 혐의자를 특정하지 않은 채 사건을 경찰에 이첩하라"는 것이었다. 즉 해병대 1사단장 등 혐의자를 이첩 기록에 특정하지 말고 사실 관계만 적어서 보내라는 지시다.

유재은 법무관리관은 장관 지시를 수명한 참모이고 이 사건의 핵심 피의자이기도 하다. 박정훈 단장은 "국방부에서 조사기록을 은폐하거나 수정을 해야 한다고 명시적으로 지시한 사람은 유 법무관리관"이라고 지목했다. 이 때문인지 유 법무관리관의 태도는 매우 방어적이다.

군검찰조차 영장청구서에서 "장관이 법무관리관실에서 최종 정리하라고 지시했다"고 썼지만, 정작 유 법무관리관 본인은 "저희는 자료를 최종 정리할 수 있는 권한도 없기 때문에 부사령관이 어떤 취지로 그런 지시를 받아 적었는지 알지 못한다"고 말한다. 또 "제가 수사단장에게 어떤 것을 지시할 수 있는 위치에 있지 않아서, 본인들이 제가 설명한 방법을 따르지 않겠다고 한다면 따르지 않아도 되는 사안"이라고 주장한다.

이는 유 법무관리관이 수사 외압의 책임을 피하려는 의도로 엿보인다. 그러나 거꾸로 생각하면 군사경찰의 수사 독립성 조항 때문에 국방부가 해병대 수사단의 수사 사안에 함부로 개입할 수 없다는 사실을 유 법무관리관도 알고 있었다는 반증이기도 하다.

어쨌든 장관이 공항으로 떠나고 50여 분이 지난 3시 18분, 유 법무관리관은 박 단장에게 처음으로 전화를 했다. 일면식도 없는 사이인 두 사람은 다음날인 8월 1일 화요일까지 모두 5번의 통화를 한다. 유 법무관리관은 군검찰에 이날 첫 통화에 대해 설명했다.

최초 통화는 13분 41초 정도 진행됐는데 장관님 지시사항에 따라서 해병대 수사단장에게 군사법원법상 군인 사망의 원인이 된 범죄의 이첩 방법에 다양한 방안이 있을 수 있다고 설명했습니다. 수사 기록을 제외한 이첩을 위한 공문 표지판도 메일로 보내달라고 요청했습니다. 군사법원법의 개정 취지는 종국적 수사권은 경찰이 있고, 군사법원법의 취지에 맞도록 운영되어야 군사법원법이 유지될 수 있다고 설명했습니다. 제가 해병대 수사단의 수사 결과를 거의 모르는 상태에서 전화한 것이어서 구체적 내용을 이야기할 수 없었습니다.

"군인 사망의 원인이 된 범죄의 이첩 방법에 대한 다양한 방안이 있을 수 있다"는 유 법무관리관 표현은 매우 점잖다. 자신은 박정훈 단장의 주장처럼 "혐의자 및 혐의 내용을 빼라. 죄명을 빼고 혐의자를 직접적인 과실 있는 사람으로 한정해야 한다"고 직접 말하지 않았다는 해명이다.[15]

그러나 당시 해병대 수사단은 8명의 혐의자와 혐의 사실을 각각 특정해 경찰에 사건을 이첩하려는 상황이었다. 박 단장으로서는 '10가지 지시'에 있는 '혐의자를 특정하지 않고'라는 말과 이첩 방법에도 다양한 방법이 있다는 말은 당연히 혐의자를 빼라는 말로 인식할 수밖에 없는 상황이었다.[16]

유 법무관리관과의 통화 이후 수사 외압은 한층 더 소용돌이쳤다. 박 단장은 유 법무관리관과 통화를 마치고 해병대 사령관이 소집한 사령부 긴급 회의에 참석했다. 회의장인 충무실로 들어가기 전 휴가 중인 해병대 법무실장과 통화를 했다.

[15] 유재은 법무관리관은 2024년 5월 17일 항명 사건 4차 공판에 증인으로 출석했다. 유재은 증인은 "직접적인 과실 있는 사람으로 한정하라고 박정훈 피고인에게 말한 사실이 있냐"는 피고인 측 변호인 질문에 "그 부분은 기억나지 않는다"고 말했다. 그러면서 "장관에게 이첩 방법 지시만 받았으므로 자신은 그렇게 말할 동기가 없다"고 주장했다.
[16] 군검찰은 유 법무관리관에게 "단순히 여러 가지 이첩 방법만 나열하면서 설명만 할 것이라면 장관의 지시를 받아 수사단장에게 전화할 이유가 없지 않나요?"라고 날카로운 질문을 던졌다. 이에 대해 유 법무관리관은 "법무관리관실은 유권해석 기관으로서의 위치를 가지고 있어 장관님의 지시를 수명하면서 이상하다고 생각지는 않았지만, 저와 처음 통화를 하는 수사단장 입장에서는 이례적이라고 생각했을 수도 있겠습니다"라고 말했다.

박 단장은 "국방부브리핑이 취소됐고, 국방부에서 혐의자와 혐의 내용을 빼라고 하는데 이미 사령관님께도 보고드렸습니다. 혐의자나 혐의 내용을 빼라고 하는데 그것은 아닌 것 같습니다"라고 말했다. 그러면서 "차라리 채 상병 수사 기록을 국방부 조사본부로 넘겨 조사본부에서 판단하는 것이 낫겠습니다"라고 덧붙였다. 법무실장은 "아, 그러면 되겠네요. 제가 회의에 참석하는 법무과장에게 이야기 하겠습니다"라고 답변했다.

다음날인 8월 1일에도 유 법무관리관과 통화는 계속됐다. 박 단장은 유 법무관리관에게 '사건 인계서'를 보내줬다. 사건 인계서는 900페이지가 넘는 사건 기록들 가운데 혐의자와 혐의 사실들을 요약한 것이다. 일종의 사건 기록 요약본이다.

법무관리관과 네 번째 통화는 사령관 집무실에서 이뤄졌다. 김계환 사령관이 호출해 집무실 원탁 의자에 앉았는데 때마침 법무관리관의 전화가 걸려왔다. 김 사령관이 받아보라고 허락했다. 박 단장의 주장을 토대로 통화 내용을 재구성했다.

법무관리관 이러면 안 돼요. 혐의자, 혐의 내용 빼고, 죄명 빼고, 수사하라는 용어 말고 조사라는 용어를 써야 돼요.

박 단장 법무관리관님, 자료를 보내드렸고 해병대 수사단에서 수사를 했는데 어떤 의견이 있어야 할 것 아닙니까, 왜 다 빼라고만 하는 건가요?(언성 높아짐)

법무관리관 직접적 과실 있는 사람으로 혐의자를 한정하는 것이 좋겠습니다.

박 단장 직접적 과실이라고 하면 물에 들어가라고 한 대대장 이하를 말하는 겁니까? 업무상과실치사에 있어서 그것은 협의의 과실로 보는 것이고, 나는 사단장과 여단장도 과실이 있다고 광의의 과실로 봅니다. 사건을 이첩하면 경찰이 다시 판단하면 될 사안이라고 생각합니다. 그러면 결국 사단장을 빼라는 이야기 아닙니까? 적절하지 않습니다.

법무관리관 그러면 사건 기록을 좀 보내주세요.

박 단장 사건 기록이 900페이지가 넘는데 다 보내달라는 말씀인가요?

법무관리관 기록 전체 말구요. 표지에 정리된 부분을 보내주세요.

박 단장 사건 인계서를 말씀하시는 겁니까?

법무관리관 맞습니다.

박 단장은 어차피 수사권이 있는 경찰에 넘어가면 거기서 정리할 문제인데, 왜 직접적 과실로 한정해야 한다고 고집하는지 이해되지 않았다. 통화가 막바지에 이를 무렵 언성은 더 커졌다.

법무관리관 사건의 이첩 시기를 장관님 귀국 이후로 해야 됩니다.

박 단장 법무관리관님! 그것은 장관님이 법무관리관을 통해 저에게 지시하는 것입니까?

법무관리관 아닙니다, 그냥 제가 옆에서 들어서 말씀드릴 뿐입니다.

박 단장 옆에서 들은 걸 가지고 제가 장관님 지시로 받아들이는 것이 맞습니까? 제3자가 들으면 뭐라고 느끼겠습니까? 앞으로 나에게 말할 때 조심해서 하시는 것이 좋겠습니다. 관련 증거를 다 확보하고 있습니다.

박정훈 단장은 막판에 엄포를 놨다. 말을 조심하고 외압성 발언을 하지 않았으면 좋겠다는 취지로 대못을 박아놓는 것이 낫겠다고 생각했다.

장관 결재도 모르는 법무관리관

두 사람의 마지막 통화는 그날 오후 4시 7분이었다. 박 단장은 오전에 사령관 면전에서 법무관리관과 통화하며 목소리를 높인 것이 한편으로 미안했다. 법무관리관의 발언 내용을 부하들과 공유할 필요도 있다고 생각했다. 이번엔 박 단장이 유 법무관리관에게 연락했다. 주변 대원들이 들을 수 있게 스피커폰 통화를 했다.

먼저 "아침 통화에서 다소 언성을 높여 미안합니다"하고 사과했다. 그리고 "직접적 과실이 있는 사람으로 한정하라는 것은 위험한 발언이라고 생각합니다. 누가 봐도 외압처럼 보이지 않겠습니까"라고 했더니, 법무관리관은 "그런 것은 아닙니다. 사건 서류에서 죄명, 혐의자, 혐의 내용 같은 것을 다 빼고 일반 서류처럼 넘기면 되지 않을까요."라고 대답했다. 박 단장은 "사건 인계서를 다 보셔서 알겠지만 그거 다 빼면 내용이 아무것도 없습니다. 이미 수사한 결과를 손대는 것은 저에게 직권남용이 될 수 있습니다. 장관님께 보고했고 이미 결재를 받았는

□ 8.1(화). 오후 4시경 본인과 수사지도관이 제 사무실에서 다른 업무토의 하고 있던 중 수사단장이 방문하여 간단한 이야기를 나눈 후 법무관리관에게 스피커폰으로 전화하였고, 수사단장이 "이전에 다소 언성을 높여 말하여 미안하다."고 사과한 이후 "직접적 과실이 있는 사람으로 한정하라는 것은 위험한 발언이라고 생각이 들었다. 누가 봐도 외압처럼 보이지 않겠나?"고 하니 법무관리관은 "그런 것은 아니다."고 하며, "사건서류에서 죄명, 혐의자, 혐의내용 같은 것 다 빼고 일반서류처럼 넘기면 되지 않겠나?"는 말을 하여 수사단장이 "인계서류 보서서 알겠지만 그거 다 빼면 내용이 아무 것도 없다. 이렇게 말씀하시는 부분이 장관님의 명시적인 지시가 있어서 그런 것이냐?"고 되물었고, 법무관리관은 "아니다. 제 개인 의견이다."라고 하여 수사단장이 "장관님께 업무보고 하고 이첩하겠다고 결재까지 받았는데 이걸 바꾸라고 하면 나중에 문제가 되지 않겠나? 제 3자가 알게되면 어떻게 생각하겠나? 매우 위험한 발언인 것 같다."고 하니 법무관리관이 "장관님 결재를 받았다구요?"라고 되물었고, 수사단장이 "그렇다."고 하니 법무관리관이 다소 당황하여 "차관님과 다시 이야기 해볼게요."라고 한 후 통화를 종료하는 것을 옆에서 보고 들은 사실이 있습니다.

해병대 A수사관의 법무관리관과 통화 사실 확인서(박정훈 대령 변호인 제공)

데 그렇게 하라는 것이 장관님 지시사항인가요"라고 되물었다.

수사단원들 진술에 따르면 박 단장이 이 말을 건네자 유 법무관리관은 깜짝 놀라는 반응이었다고 한다. 법무관리관은 당황하면서 "장관님 결재를 받았다구요? 결재본이 있나요? 차관님하고 다시 이야기해볼게요"라고 대답하고 전화를 마쳤다.

만 하루가 지날 때까지 법무관리관이 장관 결재 사실도 모르고 있었다니, 본인은 물론이고 수사단원들도 놀랐다. 사실 관계를 어디까지 알고 "사실 관계만 적어서 보내라"고 장관과 해병대 사령관, 수사단에게 훈수를 해 온 걸까. 유 법무관리관은 스피커폰 통화 사실이 공개됐기 때문인지 이 통화 내용에 대해서만은 국회에서 사실 관계를 인정했다. 유 법무관리관은 "직접적인 과실이 있는 사안이라고 하면 직접 물에 들어가라고 한 대대장 이하를 말하는 것이냐"라는 박 단장의 물음에, 본인이 "그렇다"라고 대답했다는 내용은 아직도 부인하고 있다.

법무관리관의 외압 정황 증거는 사령관의 업무수첩에도 낱낱이 기록돼 있다. 김 사령관의 업무수첩에 밑줄 친 '수사의 위압(외압)'이라는 단어 아래 "사망했다는 사실만 넘기란 것이냐?"는 메모가 확인된다. 사령관은 또 "〈법무관리관 조언〉 ①이첩 시 확대·축소/광의·협의 ②**우리가 혐의자를 예단해 줄 필요가 없다. 따라서 혐의자를 특정 짓는 것이 맞지 않다.** ③우리가 조사한 것에 대한 평가는 받을 필요 없다. ④결과를 다르게 볼 수 없을 것이다.(조사본부) 두 개의 결과가 나왔을 때 군 전체 의심 받게 되면 더 큰 문제가 될 수 있다"고 적었다. 법무관리관은 김 사령관과도 8월 1일과 2일, 양일에 걸쳐 5차례 통화했다.

이틀 동안 폭풍을 마주했던 박 단장은 착잡하고 공허했다.

김훈의 소설《칼의 노래》가 떠오른다. 이순신이 마주한 전장과 해병대 수사단장 박정훈의 전장은 감히 비교조차 불가하다. 그러나 둘을 관통하는 하나의 공통점은 있다. 허깨비 같다는 것이다. 이순신이 마주한 현실은 그 자체가 허깨비였다. 사방이 적이었다. 뒤에는 임금의 칼이 노려보고 앞에는 적병들의

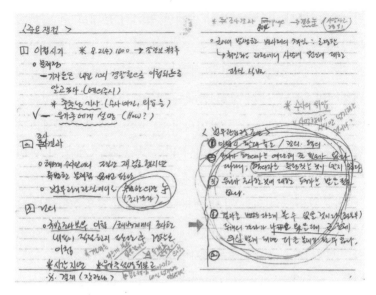

김계환 해병대 사령관의 업무수첩(박정훈 대령 변호인 제공)

칼이 춤을 추었다. 신하들은 임금의 무능 뒤에서 부화뇌동했다.

박 단장은 구명조끼조차 입지 못한 해병대 장병의 허망한 죽음 앞에서 법과 양심에 따라 억울함을 풀어주겠다고 약속했다. 하지만 그가 마주한 것은 '허깨비' 같은 것이었다. 날렵한 칼로도 벨 수 없는 것이었다. 대통령실과 국방부는 이유도 없이 혐의자에서 사단장을 빼라고 압박했다.

그 경위도 '대통령의 격노'라고 짐작할 뿐, 누구 하나 그 '허깨비'의 실체를 말해주는 사람도 없었다. '이런 일로 사단장을 처벌하면 누가 사단장을 하냐'는 울림뿐이었다. 그것은 법도 규정도 아니었다. '어명'과 같은 실체 없는 한낱 언어에 불과했다. 그러나 그 헛것 같은 것도 분명히 존재하고 있었다. 국방부 장관과 그 참모들, 대통령실의 고관들, 모두 분명히 존재하며 몸과 마음을 옥죄어 왔다. 그 허깨비 같은 것이 박 단장의 희망을 앗아갔고 절망이 그 자리를 채우려 했다.

나는 정유년 4월 초하룻날 서울 의금부에서 풀려났다.

내가 받은 문초의 내용은 무의미했다.

위관들의 심문은 결국 아무것도 묻고 있지 않았다.

그들은 헛것을 쫓고 있었다.

나는 그들의 언어가 가엾었다.

그들은 헛것을 정밀하게 짜맞추어 충과 의의 구조물을 만들어 가고 있었다.

그들은 바다의 사실에 입각해 있지 않았다.

형틀에 묶여서 나는 허깨비를 마주 대하고 있었다.

내 몸을 으깨는 헛것들의 매는 뼈가 깨어지듯이 아프고 깊었다.

나는 헛것의 무내용함과 눈앞에 절벽을 몰아새우는 매의 고통사이에서 여러 번 실신했다.

—《칼의 노래》1장 중에서

7

"수사 결과 변경은
대단히 큰 문제가 됩니다"

사령관님! 유가족에게 해병대 수사단의 수사 결과와 이첩 계획을 이미 설명했고, 해군총장, 국방부 장관까지 보고한 내용을 이제 와서 빼게 되면 축소, 왜곡 수사로 대단히 큰 문제가 될 것입니다. 그렇게 하면 안 됩니다. (박정훈 단장, 7월 31일 김계환 사령관에게 한 건의)

유재은 법무관리관과 박정훈 단장이 첫 통화를 한 직후인 7월 31일 월요일 오후 4시, 김계환 사령관 주재로 사령부 긴급 회의가 열렸다. 이때부터 채 상병 사건 수사 기록 이첩이 이뤄지는 8월 2일 수요일까지 사흘간은 회의의 연속이었다. 상황에 따라 회의에 들어가는 인원수가 조금씩 달랐지만 사령관과 수사단장은 지근거리에서 거의 붙어살다시피 했다.

그날의 회의엔 장관 지시를 받고 사령부로 복귀한 정종범 부사령관과 해병대 참모들 그리고 박 단장이 참석했다. 정 부사령관은 메모지를 보며 장관 지시사항을 설명했다. 박 단장도 유 법무관리관과의 통화 내용을 설명했다. 국방부에선 혐의자와 혐의 내용을 빼고, 죄명도 빼라지만 수사 관계 변경은 불가능하다고 말했다. 법무관리관은 '조사 결과만 보내면 되지 않느냐'고 했다. 그러나 군사경찰의 사건 이첩 양식은 혐의자와 혐의 사실을 특정해 기재하도록 돼 있다. 골치가 아팠다.

해병대 수사단 입장에선 업무상과실치사 관련 8명의 혐의자와 혐의 내용을 국방부 요구대로 수정·변경하는 것은 불가능했다. 수사단장으로서 도저히 받아들일 수 없는 내용이었다. 대통령과 해병대 사령관 지시에 따라 엄정하게 수사했다. 더욱이 해병대 사령관, 해군참모총장, 국방부 장관의 결재를 순서대로 완료한 사건 인계서를 변경한다는 것은 해병대 수사단장이 독자적으로 결정할 수 있는 사안도 아니었다. 박 단장은 KBS 〈사사건건〉과의 인터뷰에서 그 이유를 밝혔다.

일반적으로 어떤 수사 결과를 낼 때 수사단장이 독자적으로 내는 경우는 없습니다. 그래서 그거는 수사부대 모든 지휘관들이 마찬가지인데, 기초적인 것은 담당 수사관이 현장도 제일 많이 가고 그다음에 제일 관계자들을 많이 만나기 때문에 제일 많은 정보를 갖고 있습니다. 그래서 담당 수사관이 어떤 판단을 내면 그 판단이 맞는지를(체크하는) 중간 관리자들이 또 있습니다. 그리고 최종 지휘관의 결재를 득하게 되는데 그 과정에서 중간 관리자들이 군검사(해군검찰단 소속)하고도 같이 논의를 했습니다. 수사지도관이라 해서 30년 넘게 수사 업무만 했던 준사관도 있고, 그다음에 1광수대장도 있고. 그런 부대원들이 담당 수사관의 검토 결과를 자체적으로 보고 타당성이 있다(고 했다). 하지만 다시 한번 우리의 이 결과가 정확한지를 컨펌하기 위해서, 이 사안 자체의 중대성 또 국민들의 관심 등으로 해서 군검사하고도 같이 한번 상의를 했고, 군검사도 이 사안에 대해서 저희 의견에 동의를 했습니다.

수사 기록에서 혐의자와 혐의 사실을 변경하는 것을 수사단장 마음대로 결정할 수 없다. 수사 내용이 잘못됐다거나 부실하다고 판단을 받는 등 사정 변경이 없다면, 사령관과 해군참모총장, 국방부 장관까지 결재를 받은 사안을 변경할 수 있는 여지가 없는 것이 사실이었다. 만일 담당 수사관과 책임자가 변경 지시에 반발한다면 군사경찰의 수사 독립 권한을 침해한 것으로 '직권남용죄'의 처벌 대상이 될 사안이다. 〈군사경찰의 직무 수행에 관한 법률시행령〉 제7조는 "수사의 공정성을 확보하기 위하여 군사경찰이 법(제5조제1항제3호)에 따른 직무를 수행할 때 독립성을 보장해야 한다"고 명시하고 있다.

박 단장은 남은 선택이 두 가지밖에 없다고 김 사령관에게 보고했다. 해병대 수사단 수사 결과를 국방부 조사본부로 이관해 상급 부대인 국방부 조사본부에서 다시 판단한 이후 경찰에 이첩하도록 하거나, 아니면 약속 시간 내에 직접 경찰에 빨리 이첩해야 한다고 건의했다. 특히 3대 범죄 사건은 지체없이 민간 경찰에 이첩해야 했다.

해병대 법무과장은 "조사본부 이관 방안이 적절한 제안 같다"고 공감을 표시했다. 국방부 조사본부로의 이관 방안은 이 회의에서 처음 제기됐다. 국방부 조사본부는 군내 범죄 수사 및 예방 등의 업무를 담당하는 국방부 직할 최고위 수사기관이다. 군 사망사고는 민간 경찰이 맡게 돼 있는데, 해병대 수사단의 수사 결과를 이첩 전 변경하는 것은 직권남용 소지가 있으니 군사경찰 최고 수사기관인 국방부 조사본부로 이관해 다시 한번 판단을 받아보자는 생각이었다. 김 사령관은 "조사본부 이관에 대해 협의가 가능하냐"고 물었다. 박 단장은 "아마도 국방부에서 싫어할 것 같다"고 대답했다. 결국 해병대 사령관이 조사본부 이관을 국방부에 직접 건의하는 것으로 결론 났다. 박 단장은 국방부 조사본부로 이관이 되지 않을 경우 경북경찰청에 사건을 즉시 이첩해야 한다고 김 사령관에게 조언했다.

회의를 마치고 사무실로 돌아왔는데 김 사령관이 박 단장을 다시 불렀다. 김 사령관은 "국방부에서 경찰에 이첩할 수사 서류 중 혐의자와 혐의 내용은 빼고, '수사'라는 용어도 사용하지 말고 '조사'로 정리하라고 하는데 어떻게 하냐"고 물었다. 외압이 노골화되고 있었다. 박 단장은 답답했다. "사령관님! 유가족에게 해병대 수사단의 수사 결과와 이첩 계획을 이미 설명했고, 해군총장, 국방부 장관까지 보고한 내용을 이제 와서 빼게 되면 축소, 왜곡 수사로 대단히 큰 문제가 될 것입니다. 그렇게 하면 안 됩니다"라고 건의했다.

김 사령관은 본인이 직권남용죄로 처벌받게 된다는 말에 더 깊은 고민에 빠졌다. 장관이 내린 이첩 보류 명령을 수명하면 결과적으로 자신과 박정훈 수사단장이 다칠 수밖에 없다는 사실을 이해하는 것 같았다.

해병대 수사단원들도 국방부의 이첩 보류 지시와 수사 서류 변경 요구 사실을 자연스럽게 알게 되었다. 박세진 해병대 수사단 중수대장은 군검찰 조사에서 "수사단장이 사령관실에 다녀온 이후, 윗분들로부터 피혐의자에서 '특정인'을 제외하라는 취지의 이야기를 들었다고 전달해주었기 때문에 (언론브리핑 등이) 급하게 다 취소된 것으로 이해하게 됐다"고 증언했다. 특히 브리핑 취소와 함께 임성근 1사단장에 대한 해병대사령부 파견 명령도 취소됐기 때문에 윗분들이 혐의자에서 빼달라는 그 '특정인'은 임성근 1사단장을 의미한다는 것을 모두 알게 됐다고 말했다.

김 사령관은 국방부 장관 지시가 오히려 위법 소지에 해당하므로 '명령'을 내렸다가 거꾸로 자신이 처벌받을 수 있다는 사실을 알고 있던 것으로 보인다. 이 문제는 '까라면 까!'라는 군대식 명령으로 해결할 수 있는 문제가 아니었다. 부대장인 해병대 사령관도 해병대 수사단 수사에 대해 일반적 지휘권 행사는 가능하지만 구체적인 사건에 개입하는 것은 직권남용죄의 범주에 속하는 일이었다.

변사 사건을 엄정하게 처리하라고 지시할 권한은 있으나, 누군가를 처벌하고 말고를 구체적으로 지시할 권한은 없는 것이다. 이 당시 김 사령관은 국방부를 설득해야 한다는 생각도 상당히 강하게 갖고 있었다. 국방부 조사본부로의 이관을 본인이 직접 건의하겠다고 말한 사령관은 실제로 그것을 행동에 옮겼다.

8

국방부의 노골적인 수사 외압

김계환 사령관과 박진희 군사보좌관 간 문자 내용

7. 30.(일)		
15:18	보→사	사령관님 노고가 많으십니다. 오늘 보고드린 내용을 안 보실에도 보고가 되어야 할 것 같습니다. 내일 아침에는 국방비서관에게 인지가 되어야 될 것 같습니다. 오후 언론설명회시 국회에도 설명했는지요?
7. 31.(월)		
15:30	보→사	사령관님! 제가 개인적으로 궁금해서 여쭙니다. 이번 사고 조사가 경찰의 요청으로 이루어진 것인지요? 이미 순직처리까지 되었는데, 수사권이 없는 우리 군이 자체 조사해서 혐의가 있는 것으로 이첩한다는 것이 잘 이해가 안 되어서요.
15:39	사→보	경찰의 요청과 관계가 없습니다. 군에서 사망사고에 대한 책임은 군에 있습니다. 그래야 순직 등 행정적인 처리가 가능합니다. 그 과정속에 발생경위도 포함되고 원인도 확인이 되는데 사망원인 중 과실이 식별되면 범죄혐의가 있다고 판단하여 그 사항을 통보하는 것입니다. 아시겠지만 사망사고의 경우 군사법원법이 개정되어 사망사고의 원인이 범죄에 해당시 주체가 경찰이 됩니다.

		8. 1.(화)

10:17	보→사	사령관님! 경찰과 유족에 언제쯤 수사 결과를 이첩한다고 했는지요? 조만간 이첩은 어려워보여서요.
10:22	사→보	이첩이 계획된 것은 내일 오전 10시입니다. 법무관리관실과 이야기 하여 국방부 지침 받을께요? 조만간 이첩이 어렵다는 것을 어떻게 해야할 지 많이 고민이 됩니다. 출장 함께 가셨지요?
10:23	보→사	네, 우즈벡에 있습니다. 빨라야 8월 10일 이후 이첩할 수 있을 것 같습니다.
10:25	보→사	지난번 보고가 중간보고이고, 이첩 전 최종보고를 해야 된다는 것도 하나의 이유가 될 것 같습니다.
10:26	사→보	위험성이 많은 부분이라 법무관리관과 수사단장이 이야기 하고 있습니다.
10:27	보→사	수사단장은 법무관리관 개입을 부정적으로 보고 있는 것 같습니다.
10:38	보→사	사령관님! 통화 가능하십니까?
10:39	사→보	쉽지 않은 부분입니다. 참고적으로 1.상급제대 의견에 대한 관련자 변경시 직권남용권리방해에 해당되고, 2.유족의 여론도 악화될 가능성(의혹제기 가능성 등) 3.야당은 당연히 쟁점화하여 불신조장 4.경찰 수사에서 혐의자 추가, 제외 될 수도 있는데…분명한 것은 최초 시작단계에서 1.군수사가 부실하지 않아야 한다는 것(제식구감싸기 등) 2.공정한 수사만이 최소한의 예의라는 점 3.국민의 궁금증 해소 등 고려하여 추진했습니다.
12:06	보→사	확실한 혐의자는 수사의뢰, 지휘책임 관련인원은 징계로 하는 것도 검토해 주십시오.

12:23	사→보	지금 단계에서 결정할 수 있는 부분이 아닙니다. 나중에 피의자신분이 안 되었을 때 그다음에 논의해야 할 부분입니다. 경찰조사 이후입니다. 오후에 심층 토의하고 문자드리겠습니다. 나도 부하들 전부 살리고 싶은데..아쉽습니다.
15:29	사→보	군사보좌관님! 이 문제와 관련하여 먼저 문자드리고 장관님과 통화를 해야 할 것 같습니다. 1.이첩 시기는 장관님 귀국 후 지침 받고 하겠습니다. ㅡ예상되는 문제점은 내일 10시 경북경찰청 이첩하기로 되어 있어 기자들이 예의주시 중으로 추측성 기사, 외압, 수사미진 등 보도 예상 ㅡ유가족에게도 설명해야 하는데 어려움 있음 2.수사단 수사 결과를 어제와 오늘 다 확인했는데 문제점 미식별 3.건의 ㅡ해병대 수사단 조사결과를 국방부조사본부로 이첩해 재검토 건의. 이상입니다.
15:53	보→사	사령관님! ㅈㄱ님께서는 수사라는 용어를 쓰지 말라고 하셨습니다. 수사권이 없기에 수사가 아닌 조사라고 하셨고 조사본부로 이첩은 하지 말라고 하셨습니다.
16:09	사→보	조사본부를 고려한 이유는 1.이미 유가족에게 설명이 되었고 2.궁색하기는 하지만 이첩일자를 늦추는 이유가 해병대 수사단이 조사한 결과가 적절한지 판단 측면입니다. 모든 사람들이 법적인 책임이 있는 것을 잘 알기에 조심하고 있습니다.
17:33	사→보	지금은 장관님과 통화 안해도 될 것 같습니다. 조금 더 검토 중입니다
17:33	보→사	네 알겠습니다.

유재은 법무관리관을 필두로 국방부 외압은 노골적으로 가해졌다. 국방부 외압의 증거들은 김계환 해병대 사령관과 박진희 국방부 장관 군사보좌관의 문자에도 적나라하게 기록돼 있다. 우즈베키스탄에서 장관을 수행 중이던 박 군사보좌관은 8월 1일 화요일 10시경부터 30여 분간 김 사령관과 문자로 대화를 주고받았다.

김 사령관의 문자 내용을 보면 걱정이 이만저만이 아니다. 10시 26분의 문자를 보면 이첩 보류에 대해 "위험성이 많은 부분"이라며 수사 외압으로 곤란한 문제가 발생할 수 있다는 고민을 드러낸다. "위험성이 많다는 것"은 이어지는 10시 39분의 문자에서 언급됐듯이 "관련자 변경 시, 직권남용죄에 해당할 수 있다"는 것을 의미한다. 즉, 대통령실과 국방부가 우격다짐으로 요구한다고 무턱대고 따를 수 있는 사안이 아니라는 점을 분명하게 인식하고 있다. 사령관의 마음도 타들어가고 있었음을 분명히 짐작할 수 있다.

10시 25분의 문자를 보면 박 군사보좌관은 "지난번 장관 보고가 중간보고이고, 이첩 전 최종보고를 해야 한다"고 '꼼수성 훈수'를 두고 있다. 김 사령관의 말대로 위험하기 짝이 없는 노릇이다. 사건 혐의자를 변경하는 것은 군사보좌관의 말처럼 중간보고와 최종보고로 나눠 해결할 수 있는 문제가 아니다. 사단장 등 8명을 혐의자로 특정해 이첩하겠다고 사건 인계서를 작성해놨는데, 그것을 임의로 변경하는 일은 직권남용은 물론 공문서위변작에 해당할 소지가 높다.

아무리 법을 잘 모르는 군 장성이라고는 하지만 너무 노골적이다. 채 상병 사건에 대한 법적 인계 권한은 '해병대 수사단 제1광수대장'에게 있다. 박정훈 수사단장이 지휘는 할 수 있지만 인계 권한은 없다. 상관이라고 해도 이래라저래라 할 수 없는 사안이었다. 인계 권한이 있는 제1광수대장이 부당한 지시라고 거부하면 김 사령관과 박 단장 모두 직권남용죄의 공범이 될 수 있다.[17]

수사단은 사단장 등 8명을 혐의자로 특정해 이첩한다는 사건 인계서를 올려 승인 및 결재 받았다. 그런데 혐의자를 8명에서 2명으로 바꿔서 다시 보고하라고 한다면, 수사팀은 "예 알겠습니다"라고 명령을 따를 것인가. 수사팀은 "예 알겠습니다"라고 명령을 따를 것인가. 담당 수사관이 부당하다고 반발하면, 그 수사관을 교체해야 하는가. 바뀐 수사관도 못 한다고 한다면 또 다른 수사관한테 맡길 것인가.

그 길의 끝은 뻔했다. 국방부와 대통령실은 해병대 수사단장 박정훈 대령에게 그 '외길'을 종용하고 있었다. 결국 '네 손으로 직접 해결하라'며 십자가를 짊어지라는 압박이었다. 책임

---

17 최준영 제1광수대장은 "지금까지 수사 업무를 하면서 조사 결과를 수정하라든가, 혐의자 및 혐의 내용도 사령관이나 수사단장을 통해 지시받은 적도 없었습니다. 사건 인계서는 '1광역수사대장 명의'로 상대 관청에 발송하는 것이기에 사건 인계에 관한 권한은 당연히 1광역수사대장인 저에게 있다고 생각합니다. 만약 수사단장이 피혐의자를 제외하기 전까지 사건 인계를 하지 말라고 지시하셨다 하더라도 저는 부당한 지시라고 판단하기 때문에 정상적으로 인계했을 것입니다"라고 말했다.

을 모두 박정훈 단장에 떠넘기고 있는 것이다. 잔인한 권력은 토끼몰이를 하고 있었다. 민주당 송갑석 의원은 8월 25일 국회 국방위에서 "국방부가 외압을 통해 수사단이 스스로 불법을 자행하도록 사지로 몰아넣는 행동"이라고 개탄했다. 상황을 정확하게 간파한 말이었다.

이 사태를 두고 어떤 사람들은 '명령에 죽고 명령에 산다는, 상명하복에 충실해야 한다라고 하는 군이 옛날 군이 아니다'라며 이렇게 이야기를 합니다. 마치 명령을 제대로 수행하지 않는 사람들로 가득 찬, 군기가 빠진 이런 군대인 것처럼 묘사하고 있습니다. 그런데 본질은 그것이 아닙니다. 불법성 때문에 그렇습니다. 명백하게 군사법원법상의 불법성 때문에 그 명령을 해병대에서 수행하려야 수행하기가 힘들었던 겁니다. 그리고 명백한 불법성을 인지하고 있었기 때문에 국방부에서도 단 한 장의 공문이나 문서로 처리하지 않고 구두로만 처리했던 것입니다. 제가 이 질의를 준비하면서요. 8월 1일 16시에 사령관께서 장관한테 복명했다, 복명한 것 맞지요. 그렇지만 그 이전, 그 이후 사령관 또 수사단장까지 포함한 수많은 해병대 간부들이 이 문제를 놓고 고심을 합니다. 이 명백한 불법적인 지시 앞에서. 그다음에 우리들의 새끼인, 우리들의 사병인 해병이 사망을 했는데 그 문제에 대한 최초의 판단을 스스로 뒤집은 이 치욕을 어떻게 감당할 거냐고 하는 끊임없는 고심이었습니다. 이첩되기 전날까지 (⋯) 8월 1일날 저녁 덕산스포텔(해병대사령부 내)이라고 하는 곳에 또 모입니다. 저녁 회식을 합니다. 거기서 사령관과 수사단장 등 해병대 참모들이 무슨 얘기를 했는지 확인하지 않겠지만. 그다음 날 9시 54분까지 도대체 이 문제를 어떻게 풀어야 되느냐, 고심하고 망설이고 이런 과정입니다. 그런데 해병의 이 고민과 아픔과 이런 것들은 이제 모두 어디로 가버리고, 한 사병의 죽음에 대한 진실은 축소되고 또 한 장교는 징계위에 회부되어 있고…. 누가 해병을 이 지경으로 몰았느냐? 향후에 이런 것들이 새로운 진실의 단계로 갈 거라고 생각합니다.(민주당 송갑석 의원, 국회 국방위 질의에서)

해병대 사령관, 조사본부 이관을 제의하다

갈수록 태산이었다. 해병대 수사단에 대한 박 단장의 근심걱정도 이만저만이 아니었다. 혐의자를 바꾸고 수사 보고서를 변경하라는 국방부의 요구는 결국 수사팀이 책임을 지라는 말이었다. 수사팀이 도리어 직권남용죄의 피혐의자로 전락할 처지에 몰린 것이다.

이 시기 군 수사기관에서는 직권남용죄에 대한 경각심이 한참 고양돼 있었다. 불과 수년 전, 김관진 전 국방부 장관과 백낙종 전 국방부 조사본부장이 '국군사이버사 정치댓글' 수사를 축소 지시한 혐의로 구속됐다. 당시 백낙종 조사본부장은 김 장관 지시를 받고 부실 축소 수사를 주도한 혐의로 실형을 선고받았다. 조사본부가 사이버사의 정치공작 의혹에 대한 수사에 들어가자 백 본부장은 "조직적 대선 개입이 아닌 부대원들의 개인적 일탈"이라는 결론을 도출해낼 것을 수사팀에 지시했다. 백 본부장은 "상관인 심리전단장으로부터 야당 대선 후보

들을 비판하라는 지시를 받았다"는 사이버사 부대원의 진술이 확보되자 담당 수사관 회유에 나섰다. 회유에 실패하자 해당 수사관을 수사 업무에서 배제시키기도 했다. 김관진 전 장관도 2023년 8월 대법원에서 징역 2년의 실형을 받았다. 그 파장은 아주 컸다. 수사 내용을 변경하려 한 것은 수사 독립성 훼손과 직결된 문제이기 때문이다.

이런 전례 때문에 직권남용에 대한 군내의 경각심은 엄청 났다. 국방부 조사본부로의 이관 요청은 그런 경각심에서 나온 결론이었다. '관계자 변경시 예상되는 문제점'이란 보고서를 만들어 사령관에게 보고한 것도 그런 연유였다. 김 사령관은 그 보고서를 토대로 이날 오전 박진희 군사보좌관에게 문자를 보냈던 것이다.[18]

사령관은 신범철 국방부 차관 및 우즈베키스탄에 있던 박진희 군사보좌관 등과 연락하며 대책을 논의하느라 정신이 없을 정도였다. 군사보좌관의 새 문자가 12시 6분경 도착했다. "확실한 혐의자는 수사 의뢰하고, 지휘 책임 관련 인원은 징계로 하는 것도 검토해 주십시오"라는 문자였다. 부정청탁에 가까운 문자였다.

혐의자에서 임성근 1사단장을 완전히 빼고 '징계'로 해달라는 사실상의 청탁이다. 박 단장이 직접 들었다면 '이젠 대놓고 외압을 행사하는구나'라고 생각했을 것이다. 사건을 축소하라

---

18 108쪽, 10시 39분 사령관이 군사보좌관에 보낸 문자 참조.

는 수사 지침을 문자로 남겨놓고도 국방부는 '내로남불식' 변명만 늘어놓는다. "장관은 이첩 보류만 지시했을 뿐, 특정인 혐의 제외나 수사 자료 정리 등의 내용을 언급한 사실이 전혀 없다"는 말만 국회와 언론브리핑에서 앵무새처럼 반복했다.

김 사령관은 "지금 단계에서 결정할 수 있는 부분이 아닙니다. 나중에 피의자 신분이 안 되었을 때 그다음에 논의해야 할 부분입니다. 경찰조사 이후입니다. 오후에 심층 토의하고 문자드리겠습니다. 나도 부하들 전부 살리고 싶은데 아쉽습니다"라고 답장했다. 청탁을 거부하는 문자였다. 그리고 임성근 1사단장 징계는 경찰 조사 결과를 보고 혐의자에서 빠질 경우 논의하자는 것이었다.

김 사령관은 더 이상 버티기 어렵다고 판단했는지 박 군사보좌관에게 문자를 보냈다. 부정 청탁을 거부하는 문자를 보내고 3~4시간이 흘렀다. 8월 1일 오후 3시 29분이었다. 김 사령관은 재차 문자를 보냈다. "군사보좌관님! 수사단 수사 결과를 어제와 오늘 다 확인했는데 문제점을 식별하지 못했습니다. 해병대 수사단 조사 결과를 국방부 조사본부로 이첩해 재검토해줄 것을 건의합니다."

24분 만에 거절된 조사본부 이관

김 사령관은 두 가지를 타협책으로 제시했다. 내일 예정된 채상병 사건 수사 기록 이첩을 국방부 장관 귀국 후로 미룰 테니 국방부 조사본부에서 수사 기록을 이첩받아 재검토해달라는 요구였다. 국방부의 요구를 수용하면서도 해병대 수사단 부하들도 살릴 수 있는 방안이었다. 이 문자를 보내고 김 사령관은 신범철 국방부 차관과 통화했다. 신 차관은 국방부 조사본부 이관에 대해 "좋은 생각입니다. 검토해보겠습니다"라고 긍정적으로 답변했다.

최선은 아닐지 몰라도 차선은 될 수 있는 안이었다. 해병대 사령관으로서는 고민 끝에 회심의 카드를 던진 셈이고, 일이 잘 마무리된다면 국방부와 해병대사령부 모두 위법 소지에서 벗어날 수도 있었다.

하지만 '외압의 실체'가 엄청나게 큰 탓이었을까. 조사본부 이관은 허무하게 거부되고 만다. 장관을 수행 중인 군사보좌관이 "사령관님! 장관님께서는 '수사'라는 용어를 쓰지 말라고 하셨습니다. 수사권이 없기에 '수사'가 아닌 '조사'라고 하셨고, 조사본부로의 이첩은 하지 말라고 하셨습니다"라고 전했다.[19]

조사본부 이관 거부 문자는 사령관이 요청한 지 채 24분도 지나지 않아 도착했다. 거의 실시간으로 도착한 초고속 통보였다. 조사본부 이관 거부에 더해 혹이 하나 더 붙었다. 해병대 수

19 대통령실과 유상범 국민의힘 의원은 특검 여론이 높아지자 채 상병 사건에 대한 해병대 수사단의 수사권이 없다는 주장을 했다. 하지만 2024년 5월 17일 박정훈 피고인에 대한 4차 공판에서 유재은 증인은 "해병대 수사단이 변사사건에 대한 수사 권한이 있는가"라는 신문에 "수사단은 수사를 개시할 수 있다. 저는 수사 개시를 할 수 없다고 말씀드린 적이 없다"고 밝혔다. 군사법원법을 관장하는 국방부 법무관리관도 인정한 수사권을 해병대 수사단이 가지지 않았다는 것은 궤변에 불과하다.

사단은 수사권이 없으므로 '수사'라 하지 말고 '조사'로 불러야 한다고 말했다. 수사가 아니고 조사에 불과하므로 '해병대 너희들이 사단장을 혐의자에서 빼고 스스로 사건 인계서를 고쳐 경찰에 보내라'는 논리를 만들어낸 것이다.

군사보좌관은 이첩 보류 명령을 관철시키려고 해병대 수사단의 수사권을 인정하지 않겠다는 논리를 들고왔다. 그 논리에 따르면 해병대 수사단의 채 상병 사망 사건 수사는 '수사'가 아니고 '조사'이므로 해병대 수사단이 주장하는 것처럼 장관의 이첩 보류 지시가 '수사의 독립권한'을 침해한 것도 아니라는 취지였다. 얄팍한 형식논리에 불과하다.

군인의 사망 사건에서 범죄 혐의 유무를 일차적으로 판단하는 일이 '수사'가 아니라면 무엇일까. 그것을 '조사'라 부른들 무슨 차이가 있을까. 군인의 사망의 원인이 된 범죄에서 '종국적 수사권'은 경찰에 있다. 그러나 그것을 수사라 부르든, 조사라 부르든, 군경찰은 범죄 혐의 유무를 1차 조사하게 된다. 그것은 수사를 이루는 하나의 작업일 뿐이다. 어디까지는 조사고, 어디까지는 수사라고 분리한다는 건 난센스다. 결국 쓸데없는 소리하지 말고 '시키면 시키는 대로 하라'는 최후통첩이었다.

사령관은 군사보좌관 문자에 크게 실망한 것 같았다. 군사보좌관에게 곧바로 그렇게 쉽게 결정할 문제가 아니라고 문자를 다시 보냈다. "조사본부를 고려한 이유는, 첫째는 유가족에게 이미 설명이 되었고, 둘째는 궁색하기는 하지만 이첩 일자를 늦추는 이유가 해병대 수사단이 조사한 결과가 적절한지 판단 측면입니다. 모든 사람이 법적인 책임이 있는 것을 잘 알기에 조심하고 있습니다."

장관 지시대로 무조건 이첩 보류를 지시하면 직권남용죄 소지가 있다는 사실을 감안해달라는 재촉구성 문자였지만 결론은 바뀌지 않는다. 해병대와 국방부가 서로 피해를 최소화할 수 있는 방안이었는데 단칼에 거부당하니 사령관으로선 답답하고 화가 치밀어 올랐을 것이다.

국방부는 뒤죽박죽이었다. 신 차관은 "좋은 생각"이라며 검토하겠다고 하더니 막상 장관은 누구의 조언을 들었는지 전혀 여지를 두지 않고 싹을 잘랐다. 유재은 법무관리관의 설명도 혼란스러웠다. 유 법무관리관은 "해병대 수사단에서 국방부 조사본부로 사건을 이관하는 것을 검토해달라는 부탁을 군사보좌관에게 받았다"고 말했다. 그러나 "막 검토를 시작하려는 찰나 조사본부로의 이첩은 하지 않기로 했다는 연락을 다시 받았다"고 덧붙였다. 장관과 군사보좌관은 누구의 얘기를 듣고 조사본부로의 이관을 검토할 문제가 아니라고 결정했을까.

이 안을 왜 거부했는지 정확히 알 길은 없다. 국방부는 집단항명의 수괴 혐의로 박 단장을 입건한 이후, 해병대 수사단이 이첩한 수사 기록을 강제로 회수한 뒤 국방부 조사본부에 재조사를 시켜 업무상과실치사 혐의자에서 결국 임성근 1사단장과 7여단장 등을 제외했다. 그리고 사건을 경북경찰청에 다시 이첩시켰다. 어차피 장관이 국방부 조사본부에 재조사시키게 될 일이었는데, 해병대 사령관이 건의했을 때 진즉 받아들였다면 항명 사건은 발생하지 않았을 것이다.

이종섭 장관은 8월 25일 국회에서 민주당 윤후덕 의원 질문에 다음과 같이 대답했다.

> **윤후덕 의원** 장관님. 차관으로부터 조사본부로 이관 보고받고 의논을 했습니까?
>
> **장관** 제가 그때 우즈벡에서 일정을 보고 있었기 때문에 그 문제를 포함해 귀국한 이후에 어떻게 추진할 것인지를 검토하려고 했던 것이지요. 그런데 그 검토 자체가 되지도 않은 상황에서 이첩하는 바람에 이렇게 문제가 된 겁니다.
>
> **윤후덕 의원** 차관이 장관께 그 시점에서 협의를 했냐고요? 장관한테 보고를 안 했구만요?
>
> **장관** 아니요. 제가 군사보좌관을 통해 보고는 받았습니다. 받았는데, 그 문제는 (…) 다른 업무를 봤기 때문에 거기서 고민해서 결심할 상황이 아니었습니다.

'견리망의(見利忘義)'라는 사자성어가 있다. 바르게 이끌기보다는 자신이 속한 편의 이익을 더 생각한다는 뜻으로, 목전의 이익을 앞세우는 세태를 꼬집은 말이다. 국방부 조사본부에서 다른 결론이 나오면 국방부가 엄청난 비난과 욕을 먹을 것을 염려했는지 모른다. 아니면 해병대 수사단에서 해결하라는 대통령실의 별도 지시가 있었는지도 알 수 없다. 그럴 바에는 차라리 해병대에게 책임을 통째로 떠넘기는 것이 이득이었다. '난

욕먹기 싫고, 해병대 너희들이 알아서 책임지고 다 끝내!'라는 잔인한 메시지였다.

박정훈 수사단장의 변호인인 김정민 변호사는 국방부 조사본부 이관 거부와 관련, 한 가지 에피소드를 들려주었다.

조사본부 이관이 어그러진 다음, 박정훈 단장이 김계환 사령관에게 요청을 해요. 사령관이 누군가에게 받은 '해병대는 말하면 왜 안 듣냐'라는 문자도 읽어주고 하니까, "사령관님! 국방부가 최종 거부했고 장관님도 해외에 있으니까 만날 수 없지 않습니까? 사령관님이 대통령 안보실에 가서 안보실장님을 만나시든지, 아니면 대통령님을 직접 만나서 요청을 드려보는 것이 어떠실지요?" 그랬더니 김 사령관이 그러더랍니다. "내가 옷 벗을 각오로 이첩하는 방법도 있지"라고요. 그때 박 단장은 사령관이 국방부 지시를 따르자니 해병대를 못 지킬 것 같고, 또 거부하자니 국방부에서 받아들이지 않고 이러지도 저러지도 못하는 상황을 봤어요. 나중에 박 단장 얘기로는 사령관이 예정된 일정대로 경찰에 사건을 이첩하는 것을 국방부에 건의하고 전역을 하겠다는 뜻으로 해석을 했다는 거에요. 그러나 사령관은 실행에 옮기지 않았어요. 왜일까요? 사령관은 이미 알았던 것 같아요. 국방부 조사본부 안이 거부가 됐든, 이첩 보류가 됐든 모두가 대통령의 어명이라는 사실을 알았던 것 같습니다.

9

잔인한 토끼몰이

8월 1일 18시경까지 사령관실에서 고민을 함께 하다가 사령관께서 "답이 없다. 답답하다. 소주나 한잔하겠냐?"는 말씀으로 저녁 식사가 이뤄지게 됐습니다. 그때까지 고민의 연속이었습니다. 저녁 식사 자리에서 "국방부 지시대로 수사 서류를 축소, 왜곡했다가는 나중에 문제되면 국방부는 책임지려고 하지 않을 것이고, 결국 해병대가 모든 것을 책임져야 됩니다. 사령관님, 정직한 해병대를 지켜주세요. 수사 서류를 축소, 왜곡하면 해병대를 죽게 하는 것입니다"라고 간청드렸습니다. 해병대가 책임을 못 진다면 제가 책임을 지겠다고 말한 사실은 없습니다. 사령관님께 충분히 보고했는데 어떻게 책임진다는 것인지 이해되지 않습니다.(박정훈 단장)

김계환 사령관이 수사단장과 참모들을 불러 회의를 소집했다. 조사본부 이관 건의가 거부된 데 따른 후속 협의였다. 사령관에게 아침에 보고했듯이 선택지는 두 가지뿐인데 조사본부로의 이관을 전제로 한 이첩 보류는 거부당했다. 이제 박정훈 단장에게 남은 방법은 한 가지뿐이었다.

김 사령관은 방금 전 법무관리관과 통화했다고 말했다. 박 단장은 "저하고 얘기가 안 되니 사령관께 전화한 것 같습니다"라고 대답했다. 사령관도 여러 곳에서 압력을 받고 있는 것 같았다. 8월 1일 화요일 오후 5시 20분경, 김 사령관은 답답했는지 경찰에 이첩할 서류를 가져오라고 지시했다. 그는 지금까지 박 단장과 수사단 수사 결과를 전적으로 신뢰했다. 그렇다고 국방부 장관의 지시에 복종하지 않을 수도 없는 형편이었다. 사건 인계서와 사건 목록을 직접 살펴보면 뭐라도 바꿔볼 수 있지 않을까 생각한 것 같았다.

김 사령관도 장관의 명을 수명할지, 부하들의 입장을 지지할지 선택의 순간에 몰렸다. 이첩 예정일이 다음 날로 코앞에 닥쳤다. 박 단장이 사령관에게 가져온 문서는 900페이지에 이르는 사건을 요약 정리한 사건 인계서와 기록 목록들이었다. 김 사령관은 기록들을 찬찬히 뜯어보았다. 사건 인계서에는 혐의자와 혐의 사실들이 자세하게 기록돼 있었다. 법무관리관 말대로 혐의자와 혐의 사실, 죄명을 다 빼면 사망사고가 발생했고 사건을 경찰에 넘긴다는 내용만 남게 된다. 김 사령관은 기록들을 살펴본 뒤 "내가 생각을 좀 하게 됐습니다"라고 군검사에게 말했다.

그 말은 무슨 뜻일까. 사건 인계서를 보면 양식 자체가 혐의자와 혐의 사실들을 기재하도록 하고 있다. 계급과 나이를 비롯한 신상부터, 누가 어떤 혐의를 받고 있는지까지 구체적으로 기술하게 돼 있다. 국방부 요구는 그것을 다 빼라는 것이었다.

혐의자와 혐의 내용을 다 빼라는 것은 빈 종이를 넘기라는 것이나 진배없다. 사령관은 '이게 답이 없겠구나!' 하고 생각한 것 같았다. 사령관은 박 단장을 바라보며 "정훈아, 너도 스트레스 받지. 그러면 저녁이나 먹으면서 소주나 한잔하자"고 말했다.[20]

김 사령관은 그 무렵 박진희 군사보좌관과 또 문자를 주고받았다. 5시 33분경이었다. 장관이 군사보좌관을 통해 통화를 요구한 것 같았다. 사령관은 "지금은 장관님과 통화 안 해도 될 것 같습니다. 조금 더 검토 중입니다"라고 답장을 보냈다. 장관이 우즈베키스탄에서 통화하고 싶다는데 사령관이 전화를 거부했다. 조사본부로의 이관이 거부되고 속이 아주 상한 모양이다. 이관도 안 되고, 임 사단장은 혐의자에서 빼라하고, 국방부의 일방적 지시였다. 장관과 통화를 한들 바뀔건 없다고 생각했는지 모른다.

여기서 남는 의문이 하나 있다. 8월 1일 오후 5시 33분 문자를 받은 이후로 김계환 해병대 사령관과 이종섭 국방부 장관이 당일 통화한 기록은 더 이상 없다. 군검찰단의 관심 사안이 아니었을 것이다. 군검찰은 박 단장만 잡으면 됐다. 장관이 통화를 원했는데 과연 사령관이 그날 끝까지 거부를 했을지는 미

---

20 김계환 사령관은 '사건 인계서를 보자고 한 이유'에 대해 "처음엔 장관 보고서를 민간에 이첩하는 줄 알았다가 사건 인계서가 별도로 있는 것을 알고 한 번 보려고 가져오라 한 것이고, 법무관리관이 혐의자를 특정지을 필요가 없다고 했기 때문에, 관계자별 혐의 내용 부분을 어떻게 하는 것이 좋을지 논의하려고 가져오라고 한 것이지, 구체적으로 어떻게 수정하려고 가져오라는 것은 아니었습니다"라고 말했다.

지수다. 지금까지 확인된 사령관과 장관의 다음 통화는 8월 2일 수요일 오전 11시 13분 통화가 유일하다. 김 사령관이 우즈베키스탄에 있는 이 장관에게 "사건이 경북경찰청에 이첩되었다"고 보고한 시간이다.

사령관실에서 나온 박 단장은 제1광수대장과 통화를 했다. "사건 인계 준비는 다 됐냐"고 물었다. 1광수대장은 "내일 그대로 인계하는 것인지"를 다시 여쭈었다. 박 단장은 "인계하는 일정에 변동사항이 없다"고 확인했다. 그때가 오후 6시 경이었다.

김 사령관과 박 단장은 해병대사령부 내의 가족호텔인 덕산스포텔로 자리를 옮겼다. 비서실장, 공보정훈실장, 방첩부대장 등 참모들도 동석했다. 김 사령관은 박 단장이 법무관리관과 대화가 잘 이뤄지지 않아 스트레스를 받고 있어 식사를 제안한 것이라고 말했다. 공보정훈실장도 전날 국방부 언론브리핑이 갑자기 취소되며 봉변을 겪은 터였다. 기자들로부터 이틀째 시달렸다. 말 그대로 위로의 자리였다. 한편으로는 "내일 사건을 경북경찰청에 이첩하겠다"라고 사령관에게 보고했으니 '쫑파티' 성격도 있었을 것이다.

저녁 회식에서 박 단장의 발언을 놓고 참석자들 간 주장이 엇갈리는 대목이 있다. 사령관 비서실장 등 일부 참석자는 박 단장이 음주를 한 상태에서 "이 사건을 제가 이첩시키겠습니다. 다 안고 가겠습니다. 모든 책임을 지겠습니다"고 말했다고 주장한다. 그러나 박 단장은 터무니없는 발언이라고 반박한다.

그런 일이 없습니다. 제가 사령관님께 그런 이야기를 한다는 것은 해병대에서 상상할 수 없고, 제가 해사 출신이 아닌데 군사경찰에서 병과장까지 올라온 이유는… 그런 식의 태도를 상관에게 했다면 진급이 될 수 없습니다. (저도) 군 생활의 커리어가 있습니다. 제가 사령관님에게 다음 날 이첩해야 된다고 이야기했는데, 제가 어떻게 모든 책임을 지고 이첩하겠다고 말할 수 있는지 저는 잘 모르겠습니다.

김 사령관도 불호령을 내려야 했다. 상관으로서 체통이란 것이 있다. 아무리 수사단장이지만 계급이 '대령'에 불과한데 3성 장군답게 "내가 책임져야지, 네가 왜 책임지냐"고 다그쳤을 법도 하다.

그러나 김 사령관은 당시 상황에 대해 좀 다른 이야기를 한다. 식사 자리에서 박 단장이 이첩하겠다고 말은 했지만 "진짜 강행할거라고 생각하지 않았다"고 말했다. 박 단장이 "제가 법률적인 범위 내에서 풀어서 정리할 수 있습니다"라고 말했기 때문에 김 사령관은 오히려 "이첩은 하지 않겠구나"라고 안심했다는 것이다.

10

대통령의 내로남불

국방부는 이첩 시기를 하루 이틀 미루라는 것이 아니었습니다. 수사 서류에서 혐의자와 혐의 내용을 빼라고, 내용적인 부분에서 수사서류를 왜곡하라고 이야기한 것입니다. 처음부터 혐의를 빼라는 내용이 없고 단순히 장관님 오실 때까지 보류하라고 했으면 문제가 되지 않습니다. 본질적으로 수사 서류를 왜곡하고 조작하라는 지시가 있었기 때문에 유가족과의 약속도 있어서 예정대로 이첩했던 것입니다. 이첩 예정일을 넘기면 유가족이나 언론에 오해를 살 수 있었습니다. 그냥 이첩 서류만 하루 이틀 늦춘다는 것이면, 경찰과 유가족에게 연락해 단순히 일자만 늦추는 것이라고 설명할 수 있습니다. 첨언을 하면 앞뒤 다 자르고 이첩 보류 지시를 왜 어겼느냐고 하는 부분에 대해서, 수사 서류를 조작 왜곡하고 장관이 오면 다시 보고하라는 것이 국방부 지시였습니다. 국방부가 요구한 본질은 그것인데, 다 자르고 이첩 보류만을 이야기하는 것은 맞지가 않습니다. 정당한 지시가 있었던 것으로 하여 항명으로 몰기 위해서 하는 것이라고 생각합니다.(박정훈 단장)

윤석열 대통령은 검사 시절 '수사 외압'을 이렇게 규정했다. "수사라는 게 앞으로 자꾸 치고 나가게 해줘야 되는데 수사팀을 힘들게 하고 무언가를 자꾸 따지고 수사하는 사람들이 느끼기에 좀 도가 지나쳤다면 그런 것을 외압이라고 느낀다."

이태원 참사가 발생했을 때 이상민 행정안전부 장관과 경찰 수뇌부 책임 문제가 제기됐다. 윤 대통령은 이들을 다음과 같이 변호했다. "책임이라고 하는 것은 있는 사람한테 딱딱 물어야 하는 것이지 그냥 막연하게 다 책임져라, 그것은 현대사회에서 있을 수 없는 얘기다." 검사 시절과 대통령 때의 인식 차이는 천양지차다.

채 상병 사건에 관심을 갖게 된 것은 '집단항명의 수괴'라는 혐의 때문이었다. 대한민국 군 역사에 '반란 수괴'라는 말이 있었다. 12·12 군사반란의 주범인 전두환 전 대통령은 내란 및 반란의 수괴죄로 1심에서 사형을 언도받았다. 하지만 '집단항명의 수괴'라는 혐의는 일생에 처음 듣는 죄명이었다. 군검찰도 어색했는지 나중에 단순 항명죄로 혐의를 바꿨다. 이종섭 국방부 장관조차 "집단항명수괴 사례를 들어본 적이 있는가"라는 물음에 "기억나지 않는다"고 국회에서 대답했다.

언론은 박정훈 수사단장의 항명 사건을 "국방부 장관의 이첩 보류 지시를 거부한 사건"이라고 표현한다. 항명은 상관의 명령에 불복종할 때 처벌하는 법 규정이니 누구나 그렇게 이해할 것이다. 그러나 이 사건은 이첩 보류 자체가 본질이 아니다. 국방부의 프레임일 뿐이다.

이첩 보류와 수사 왜곡 지시는 두 개의 수레바퀴와 같다. 동전의 양면처럼 서로 붙어 있어 별도로 존재할 수 없다는 말이다. 이종섭 장관이 해병대에 이첩 보류 지시를 내린 것은 단순히 "이첩 시기를 조정하라"는 명령이 아니었다. 정종범 해병대 부사령관의 수첩 메모에도 나와 있듯 수사 결과에서 "혐의자와 혐의 내용을 빼라"는 것이 이첩 보류 지시의 핵심 명분이었다. 박정훈 단장은 "흔히 보류 지시라고 하는데 '국방부의 수사 왜곡 지시'라고 명명하고 싶다"고 피를 토하는 심정으로 말했다.

이첩 보류 지시를 거부할 만한 사유가 있냐는 질문은 성립하지 않습니다. 국방부의 지시는 명확하게 수사 서류를 축소, 왜곡하라. 그리고 다시 보고하라는 것이었습니다. 저나 해병대 사령관님은 그렇게 인식했고, 이첩 시기에 대해선 문제나 논란의 대상도 아니었습니다. 국방부에서 본질을 흐려 해병대에 축소, 왜곡 지시가 모두 없었다고 부인합니다. 부사령관의 메모에도 나온 것을 부정합니다. 왜 법무관리관을 통해 지시한 적이 없다고 이야기합니까? 모두 본질을 흐리는 내용입니다. 수사단장 입장에서 오늘 이첩하나 내일 이첩하나 크게 차이가 없습니다. 이첩 보류 지시를 혐의자나 혐의 내용을 빼라는 지시와 함께 하나의 통으로, 전체로 봐야 질문이 성립합니다. 제가 사령관님과 2박 3일간 고민했던 시간들은 혐의 내용 다 빼고 경찰에 이첩하라는 것을 고민했던 겁니다. 단순한 이첩 보류 지시만 했다면 제가 하등 수명하지 않을 이유가 없습니다. 해병대에서 조사 결과 기록을 국방부 조사본부로 올려 해병대의 수사결론을 다시 검토해달라고 건의했습니다. 거부할 이유가 없는데 국방부가 거부했습니다. 왜 그랬을까요? 해병대에서 장관 결재까지 받았는데 다시 조사본부로 기록을 보내 기존 결론이 국방부에서 달라지면 안 되기 때문에 해병대에서 자체적으로 조사 결과를 다시 검토하라고 했던 겁니다. 결국 국방부의 지시 내용에 따르면 당시 이첩 시기에 대한 문제가 아니었습니다. 조사 결과의 수정에 관한 문제였다는 점이 확실한 증거가 될 것입니다.

조사본부로의 이관이 거부된 이후, 박 단장은 김 사령관에게 말했다. "이첩을 장관이 오실 때까지 보류하더라도, 그때 수사 서류를 축소, 왜곡하라고 또 지시하면 거부하실 수 있겠습니까? 이것은 이첩 시기의 문제가 아니라 그 내용을 빼고 수사 서류를 축소, 왜곡하라는 지시입니다." 사령관은 아무런 말이 없었다. 해병대에서 국방부 지시를 수명할 경우 직권남용이 될 수 있고 수사 서류 공문서 관련 범죄도 범하게 된다. 박 단장이 김 사령관에게 직접 대통령실로 가서 안보실장을 만나면 안 되냐고 요청했던 배경이다.

박 단장의 항명 사건에서 이첩 보류 지시의 존재 유무는 핵심 쟁점이다. 그러나 이첩 보류 지시는 동전의 앞면일 뿐이다. 뒷면에는 수사 왜곡 지시가 존재한다. 세상에 앞면만 존재하는 동전은 없다. 하나의 바퀴로만 굴릴 수 있는 수레도 없다. 수사 축소, 왜곡 지시가 밝혀지면 박 단장의 항명죄는 성립되기 어렵다. 박 단장은 단순히 이첩 보류 지시를 이행하지 않은 것이 아니라 수사 왜곡 지시라는 불법적인 명령을 거부한 것이기 때문이다. 수사 외압과 항명죄는 대립된다.

"수사라는 게 앞으로 자꾸 치고 나가게 해줘야 되는데 수사팀을 힘들게 하고 무언가를 자꾸 따지고 수사하는 사람들이 느끼기에 좀 도가 지나쳤다면 그런 것을 외압이라고 느낀다." 윤 대통령의 검사 시절 '수사 외압론'은 부메랑으로 되돌아올 것인가.

주요 사건 경과표(7. 30.~8. 1.)

7. 30.(일)	10:00	해군참모총장에게 수사 결과 보고, 이어서 김계환 해병대 사령관은 총장과 독대하며 1사단장 인사조치 관련 보고
	16:30	이종섭 국방부 장관에게 수사 결과 보고, 이어서 김 사령관은 장관과 15분간 독대하며 1사단장 인사 결재
	18:22	안보실 파견 김형래 대령이 김 사령관에게 언론보도 자료 송부 요청
7. 31.(월)	09:53	김 사령관, 안보실 임기훈 국방비서관과 통화
	11:00	**대통령 주관 안보실 수석비서관 회의 중 대통령이 국방비서관 보고받고 격노**
	11:45	대통령실(02로 시작하는 유선전화)에서 국방부 장관실로 전화 걸려옴
	11:57	국방부 장관, 김 사령관에게 이첩 보류 지시 및 언론 브리핑 취소 지시
	12:02	김 사령관, 박정훈 수사단장에게 사령부 복귀 지시
	13:30	국방부 장관, 참모들과 긴급 회의. 유재은 법무관리관에게 법률 검토 지시
	14:00	국방부, 기자단 상대 언론브리핑 취소
	14:10	국방부 장관, 해병대 부사령관에게 장관 지시사항 전달
	14:30	국방부 장관, 우즈베키스탄행 항공편 탑승 위해 국방부 출발
	15:18	유 법무관리관, 박 단장과 첫 통화
	16:00	해병대사령부 긴급 회의, 국방부 지시사항 전달 등 논의
	17:00	김 사령관, 임기훈 국방비서관과 통화에서 대통령 격노 사실 입수 정황. 김 사령관이 수사단으로 돌아온 박 단장을 호출해 대통령 격노 발언을 전달
	17:42	박 단장이 수사단 부하들에게 대통령 격노 발언 전달.

'고 채수근 익사사건의 관계자 변경시 예상되는 문제점' 보고서 작성

18:00 정리한 문건을 박 단장이 김 사령관에게 보고

8. 1.(화)	09:43 사령관실에서 독대 중 유 법무관리관이 박 단장에게 전화

10:39 김 사령관, 박진희 국방부 장관 군사보좌관에게 문자 전송(박 단장 반발 내용 정리 등)

14:50 신범철 국방부 차관이 김 사령관에게 전화("장관님 지시사항 간단한데 왜 그러신가요?")

15:29 김 사령관, 박 군사보좌관에게 조사본부 이관 건의 문자 전송

15:37 김 사령관, 임 국방비서관과 통화(4분 45초), 조사본부로 이관 건의

15:51 김 사령관이 신 차관에게 조사본부로 수사단 수사 결과 이관 건의

15:53 박 군사보좌관, 김 사령관에게 "조사본부 이관 거부" 문자 전송

16:07 박 단장과 유 법무관리관 마지막 통화(수사단 녹음)

16:15 김 사령관이 박 단장 호출(이관 거부 대책 논의)

17:20 김 사령관이 박 단장에게 경찰 이첩 서류 가져오라 지시, 이첩 서류 보고서를 살펴본 뒤, 사령관은 박 단장에게 "스트레스 받지, 저녁이나 먹으며 술 한잔 하자", 박 단장은 사령관에게 "내일 제가 책임지고 인계하겠다"고 보고

18:30 사령부 내 덕산스포텔에서 참모들과 회식(박 단장, "이첩이 유일한 해결책이다")

3부

집단항명의 수괴

1

정직한 해병대가
살아남는 길[1]

2023년 8월 2일 수요일은 전국이 푹푹 찌는 날씨였다. 박정훈 단장은 새벽 일찍 수도군단 부단장에게 카톡 문자를 보냈다. "수사 외압이 생각보다 큽니다"라는 문자였다. 그날은 채 상병 사건을 경북경찰청에 이첩하는 날이었다. 박 단장은 아침 7시 20분 박세진 해병대 수사단 중수대장에게 "채 상병 사건 수사 기록을 경북경찰청에 이첩하라. 내가 책임질 부분이 있으면 책임진다"고 지시했다. 수사기관의 장이 결론을 내릴 수밖에 없다고 생각했다. 문제가 생기면 자신이 모든 것을 감수하겠다는 취지였다. 최준영 1광수대장과 박 모 상사, 정 모 중사가 함께

---

1   박정훈 단장은 2023년 8월 11일 KBS 〈사사건건〉과의 인터뷰에서 "지금까지 얘기했던 혐의자라든지 혐의 내용을 다 빼고 경찰에 이첩한다고 하면 이거는 손바닥으로 하늘을 가리는 격이다. 수많은 수사관들이 참여해서 다 알고 있고, 유가족도 알고 있는 사실인데, 이렇게 설명한 것을 경찰에 이첩할 때 다르게 이첩을 하게 되면, 이것은 나중에 수사 서류에 조작이 될 수 있고, 이 문제가 불거졌을 때는 대한민국 해병대가 정직하게 지금까지 유지했던 이미지, 이런 것들이 다 무너질 수 있다"며 '정직'이 해병대 정신이라고 강조했다.

안동으로 떠났다.

국방부에서 이첩 보류를 지시한 지 벌써 사흘째가 되었다. 하루하루가 피 말리는 상황이었다. 박 단장은 "사령관께서는 이첩 여부에 대해 결정을 하지 못하셨다. 앞으로도 결정을 못 하실 것 같다"고 중수대장에게 말했다.

그러지 않아도 사령관실로 가고 있는데 휴대폰이 울렸다. 9시 54분경 걸려온 김화동 비서실장의 전화였다. 사령관이 급히 찾는다는 전갈이었다. 박 단장은 집무실로 들어가 해병대 구호인 "필승"을 외치고 거수경례를 했다. 원탁 의자에 앉자마자 김계환 사령관이 물었다.

김 사령관 어떻게 하냐?

박 단장 제가 오늘 10시 30분에 이첩이 예정돼 있어 출발을 시켰습니다. 포항에서 안동까지 시간이 걸리기 때문에 지금 이동 중에 있습니다. 오늘 이첩을 안 하면 경찰청 출입기자들에게 의혹을 받을 수 있습니다. 그래서 오늘 이첩해야 합니다.

김 사령관 내가 지금 너에게 '멈춰!'라고 하면 어떻게 되냐?

박 단장 안 그러셨으면 좋겠습니다.

김 사령관 (1분여간 침묵 뒤) 알았다. 나가봐라.

박 단장은 이 당시 상황을 다음과 같이 설명했다.

사령관님은 10시에 집무실에 들어갈 때까지 '아 이렇게 해!'라고 지시한 사실이 없습니다. 그때까지 결심도 못하고 계셨고, 고민만 하고 계셨다고 정리해야 할 것 같습니다. 본인께서는 국방부에서 지시는 받으신 것 같긴 한데, 제가 10시에 기록 송부가 출발되었다고 말씀 드릴 때까지 지시는 없었습니다. 다만 지금 내가 이첩하지 말라고 하면 어떻게 되는 것이냐고 말하셔서 "저는 안 그랬으면 좋겠다. 그게 자칫 직권남용으로 문제될 수도 있다"고 말씀드리니, 사령관께서 그냥 알았다고 하셔서 제가 바로 나왔습니다. '장관님 지시니까 이렇게 해!'라고 말씀하셨다면 계속 회의를 할 필요도 없었을 것인데 그런 지시가 없었습니다. 그래서 저는 '결정장애가 있으신 거 아닌가'라는 생각도 했습니다.

박 단장은 수사단 집무실로 돌아왔다. 박세진 중수대장에게 사령관의 반응을 전해주었다. 사령관님이 이첩 사실에 대해 "알았다"고 했고 지휘보고를 준비하는 것 같다고 말했다. 박 단장은 한편으로는 사령관이 버팀목이 되어주리라고 마지막까지 기대했다. 김 사령관이 이첩 보류를 명료하게 지시했으면 지금도 질책해야 마땅했다. "박 단장! 너 뭐하는 거야, 당장 부하들에게 이첩을 중지하도록 명령해!"라고 과단성 있게 지시를 해야 한다. 하지만 그렇게 하지 않았다.

정훈아! 멈추면 안 되겠니?

김 사령관은 이첩 사실을 보고받고도 정해진 일정을 예정대로 소화했다. 박 단장이 나가고 사령부 내 복지 관련 회의를 주재했고, 그 회의가 끝나고 나서야 참모들을 불렀다. 비서실장이 집무실로 들어서자 "큰일났다. 수사단장이 크게 사고를 쳤다. 이건 아닌 것 같은데 어떡해야 하지?"라고 물었다. 비서실장은 "국방부 장관 지시대로 사건 이첩을 당장 중단시켜야 합니다"라고 말했다. 그렇게 섣불리 볼 일이 아니며 이첩이 되면 큰일 날 것 같다는 우려도 전달했다. 공보정훈실장도 "상황이 어렵게 될 것 같다"고 덧붙였다.

사령관은 비로소 장관 지시를 더는 거부할 수 없다고 판단했는지 10시 51분경 박 단장에게 전화했다. 처음엔 "정훈아! 멈추면 안 되겠니?"라고 말했다. 곧이어 "이첩 멈춰!"라고 명령했다. 박 단장에 따르면 명시적으로 '명령'이라고 할 수 있는 사령관 지시는 이때 처음으로 떨어졌다. 항명죄에서 '명령'이란 수명자(명령을 받는 사람)에게 의식적이고 적극적으로 신체 활동을 하게 만들거나 못 하게 하는 행위를 말한다. 그간 동고동락해 온 김 사령관이 박 단장과 운명을 달리하는 순간이었다.

우유부단했던 김 사령관의 태도가 갑자기 달라졌다. 박 단장은 "죄송합니다"라고 대답했지만, 속으로는 "변덕이시구만, 또 변덕이 나셨네…"라고 생각했다. 박세진 중수대장은 "사령관이 사전에 이첩을 승인했으므로 박 단장에게 전화해 '멈춰'라고 한 것이 아닌가 생각된다"고 말했다.

경북경찰청에서 사건 기록을 이첩 중인 사건인계팀 전화에 불이 났다. 사령관을 비롯해 비서실장, 수사단 간부들의 전화가 경북경찰청에 있는 제1광수대장에게 빗발쳤다. 그러나 경찰에 사건을 이첩하는 동안 전화를 다른 곳에 둔 상태여서 통화가 이뤄지지 않았다.

김 사령관은 이번엔 우즈베키스탄에 있는 박진희 군사보좌관을 찾았다. 박 군사보좌관이 전화를 받자마자 "긴급한 사안입니다. 장관님 통화가 가능합니까?"라고 물었다. 이어 "수사단장이 지금 지시를 어기고 경찰로 사건을 이첩하고 있는 것 같습니다"라고 덧붙였다. 군사보좌관은 바로 장관을 바꿔주었다. 11시 12분경 이었다. 박 단장이 10시에 이첩 보고를 하고 1시간 이상이 지난 시간이었다.

사건인계팀에서 콜백 전화를 한 것은 2시간이 지나서였다. 이첩을 완료한 상태였다. 박정훈 수사단장은 그때 통화가 되지 않은 일로 '성명불상자'라고 특정된 제1광수대장 등 사건인계팀 2명과 함께 '집단항명의 수괴'로 입건된다. 집단항명 사건이 된 이유는 단지 사건인계팀과 연락이 되지 않았기 때문이었다. 군검찰단은 열흘이 지난 8월 13일, '집단항명의 수괴'에서 '항명'으로 박 단장의 죄목을 변경했다. 다른 2명은 통화가 되지 않았을 뿐인데 박 단장과 같이 집단항명으로 엮기엔 염치가 없었던 모양이다.

집단항명수괴 혐의가 알려지자 해병대는 물론 전 국민이 깜짝 놀랐다. 반란범도 아닌 해병대 대령을 '집단항명의 수괴'라는 거대 죄목으로 입건한다는 자체가 충격이었다. 전시가 아닌 평시에는 듣도 보도 못한 범죄 혐의였다. 집단항명수괴 혐의는 군검찰단이 대통령실과 관련된 중대 사안이라는 강박감에 불쑥 꺼낸 죄목이라는 생각이 든다. 군검찰의 결정은 채 상병 사건을 국민적 관심사로 키웠고, 22대 총선에서 여당 참패를 불러온 한 가지 원인을 제공했다. 윤석열 대통령의 레임덕을 조장하는 자책골을 만들고 만 것이다. 그때는 그들 가운데 누가 그 미래를 알았겠는가.

2

불명예와 충성 사이

김계환 사령관 수사단은 밤낮을 세워가며 수사를 잘했지만 상관 지
시를 어긴 것은 분명하므로 박 단장이 처벌받기를 원합니다.

박정훈 단장 28년 군생활하며 사령관님은 부하를 위하는 상관이었
습니다. 참담한 상황에서 고통이 심할 텐데 진심으로 수고하셨다
고 말씀드립니다.(2월 1일 항명 사건 재판에서)

채 상병 사건 수사 외압 의혹의 구조는 '대통령의 격노→이첩
보류 지시→혐의자에서 사단장 제외 압박→해병대 수사단 수
사 기록 경찰 이첩→군검찰의 이첩 기록 회수→집단항명수괴
입건→구속영장 청구' 순서이다. 김계환 해병대 사령관은 수사
외압과 관련된 직권남용 혐의로 공수처 수사를 받고 있다. 사
람은 법에 의해서만 처벌받지 않는다. 양심으로도 처벌받는다.
양심에 의한 처벌은 장병의 억울한 죽음 앞에서 스스로에게 떳
떳함을 묻는 일이라고 생각한다.

해병대 수사단의 채 상병 사건인계팀은 "사단장과 여단장
을 혐의자에서 제외시키라는 외압이 있었다"며 "제대로 수사

해달라"고 경북경찰청 광역수사팀에게 신신부탁했다. 언론브리핑이 취소되고 수사단장과 법무관리관의 통화 등 외압을 받은 사례들도 상세히 설명해주었다.[2]

놀라운 것은 해병대 사령관의 이첩 보고를 받은 국방부 장관의 반응이었다. 이첩 사실을 보고하고 얼마 지나지 않아 군사보좌관은 "장관님이 통화를 원하시는데 사령관님, 수사단장에게 나중에 이첩하는 것으로 정확하게 말씀하였는지 궁금해하셨습니다"라고 문자를 보냈다. 또 문자가 왔다. 이번엔 "1사단장이 업무에 복귀해 정상적으로 근무를 하고 있느냐"는 물음이었다. 7월 31일 이첩 보류 당시 지시한 핵심 내용은 두 가지였다. 하나는 이첩을 보류하라는 지시였고, 다른 하나는 1사단장을 업무에 복귀시키라는 지침이었다.

장관은 사령관을 믿기 어렵다는 생각이 문득 들었던 모양이었다. '사령관 당신! 내 말을 듣고 지시를 따르기는 한 거요'라고 따지는 문자 같았다.

2 경북경찰청에 직접 사건을 인계한 최준영 제1광수대장은 수원지방법원에 낸 사실 확인서에서 "7월 31일 언론브리핑 및 국회 국방위 대면설명 계획이 취소된 사유와 혐의자 중 1사단장을 제외하라고 하거나, 혐의자 및 혐의 사실을 모두 제외하고 인계하라는 국방부의 의견, 대구지검 포항지청 검사가 해군검찰단 군검사에게 사건 기록을 열람하고 의견을 제시하겠다며 지속 연락이 왔던 점을 고려해볼 때, 군사경찰 입장에서는 수사 외압으로 느껴졌다고 설명했습니다. 그랬더니 해군검찰단 군검사에게 연락한 대구지검 포항지청 ○○○ 검사가 7월 28일 경북경찰청 강력범죄수사대에도 연락이 와서 사건 기록을 인계받았는지, 언제 인계받을 예정인지, 인계받은 이후 기록을 열람해줄 것을 요청했다고 했습니다"라고 밝혔다.

김계환 사령관과 박진희 군사보좌관 간 문자 내용

8.2(수)			
11:52	보→사	장관님께서 통화 원하셨습니다. 나중에 이첩하는 것으로 정확하게 말씀하셨었는지 궁금해 하셨습니다.	
12:28	보→사	사령관님! 경찰로 이첩 여부 확인되었는지요?	
12:31	사→보	이첩되었습니다. 제가 장고간님과 통화할 때 확인되어 보고 드렸습니다.	
12:42	보→사	1사단장은 직무 수행 중인지요?	
12:42	사→보	예. 출근해서 임무 수행 중입니다.	
12:45	보→사	네	

유재은 법무관리관도 경황이 없기는 마찬가지였다. 누군가에게 사정을 파악해보라고 지시를 받았는지 11시 46분경 사령관에게 전화를 했다. 법무관리관은 자초지종도 없이 대뜸 "사령관님! 저한테 뭐 물으실 얘기가 있으신가요"라고 물었다. 전화를 했으면 먼저 용건을 말하고 '이첩이 됐습니까, 왜 그렇게 됐습니까, 어떻게 하실 겁니까'라고 물어야 하는데 법무관리관은 마치 사령관이 먼저 전화를 한 것처럼 행동했다. 김 사령관은 "물을 내용이 있으면 법무관리관이 먼저 얘기를 해야 하는 것 아니냐"는 반응을 보이고 전화를 끊었다. 21초간의 짧은 통화였다.

김 사령관은 오후 1시 2분 넘어 유 법무관리관에게 전화했다. "박 단장의 보직 해임에 관한 내용을 장관에게 조언했냐"고 물었다. 법무관리관이 장관의 참모라지만 3성 장군인 해병대 사령관이 묻기에 좀 어색한 질문이다. 계급으로 보면 법무관리관은 한참 아래다. 박 단장 보직 해임에 대해 법무관리관이 왜 나선 것이냐는 항의로 해석되나 진실은 알 수 없다. 모두 경황이 없는 상태에서 어떻게 수습해야 할지 고민하다 나온 돌출행동으로 보였다.

김 사령관이 낮 12시 45분경 박 단장을 불렀다. 집무실에 들어가기 직전, 해병대 인사처장이 "왜 차관 명의의 서류를 사령관 명의로 바꾸라고 하는지 모르겠습니다. 이상합니다"라고 박 단장에게 말했다. 국방부 차관이 사령관에게 박 단장 보직 해임을 요구한 모양이다. 국방부는 예상대로 박 단장에게 모든 책임을 뒤집어씌우기로 작정했다. 집무실에 들어가자 김 사령관은 "현 시간부로 보직 해임이다. 앞으로 힘들 것인데 잘 참아라"라고 조용한 목소리로 말했다. 박 단장은 별다른 반응 없이 집무실을 나왔다.[3]

보직 해임 통보를 받고 채 30분이 지나지 않은 시각, 해병대 참모장이 사령관을 찾아왔다. 참모장은 '정훈이가 뭘 잘못했다고 직무 분리를 시킵니까. 사태를 좀 보고 수사단장이 뭘 잘못했는지를 따져보고 조치해야 되는 것 아닙니까'라는 취지로 사

3　김 사령관은 박 단장을 보직 해임하면서 사유서에 '장관 지시를 어겼다'고 썼다. 그러나 이날 밤(8월 2일), 군검찰 조사를 받은 뒤 '사령관 지시를 어겼다'고 수정했다. 장관 지시를 어겼다면 사령관 본인이 '집단항명수괴의 주범'이 돼야 한다. 이런 코미디가 없다.

령관을 설득했다. 듣고 있던 사령관도 수긍했는지 이번엔 보직
해임 조치를 유보시켰다. 참모장은 박 단장에게 "야 수사단장,
사령관님께 말씀드렸다. 네가 있어야 할 자리는 수사단장 보직
이고 업무 열심히 해라"라고 연락했다.

'롤러코스터'가 따로 없었다. 무리수가 무리수를 거듭 낳는
지경이 되고 말았다. 차관이 사령관에게 연락했다. 박 단장의
보직 해임 취소에 대해 '지금 뭐 하시냐'는 항의 전화였다. 다시
원점으로 돌아갔다. 박 단장은 보직 해임 됐다가 참모장 건의
로 원복 됐으나, 차관 지시로 또 해임됐다.

인사처장이 집무실을 방문했다. "선배님 보직 해임입니다"
라고 통보한 뒤 이야기를 나누다가 사령관이 들어오자 나갔다.
김 사령관은 "너로 인해 많은 사람들이 살게 되었다. 앞으로 많
이 힘들 것이다. 잘 이겨내기를 바란다"고 말했다. 김 사령관은
군검찰 조사 이후 이 말을 한 것을 부인했다.

김 사령관의 말을 들을 때 박 단장에게는 순간적으로 여러
상념이 스쳐지나갔다. 지난 2박 3일 동안 국방부의 불법적 지
시 앞에서 해병대를 어떻게 지킬 것인가를 놓고 사령관과 깊이
고민했고, 사령관에게 건의도 했다. 어쨌든 이 사건은 경찰로
이첩이 됐다. 누군가 책임을 져야 한다면 수사단장으로서 보직
해임 정도는 감수를 해야 할 것이다. 해병대가 불법적으로 수
사 서류를 조작하거나 왜곡하는 건 막았다. 사령관이 그간의
고민들을 해결하기 위해 수사단장 보직 해임으로 모든 것을
정리한다는 취지라면 내가 받아들여야 한다. 나는 보직 해임

됐지만 나머지 해병대 인원들은 살았다는 뜻이리라.

그러나 오판이었다.

항명 사건으로 기소된 지 6개월 만인 2024년 2월 1일, 법정에서 두 군인은 피고인과 증인으로 마주했다. 본인들 의사와 상관없이 법적으로 '적'이 되어 있었다. 김계환 증인은 "수사단은 밤낮을 세워가며 수사를 잘했지만, 상관 지시를 어긴 것은 분명하므로 박 단장이 처벌받기를 원한다"고 밝혔다. 또 "본인이 옳다고 믿는 편향적인 가치를 내세워 해병대를 살리고 본인이 책임지겠다고 한 모습이, 지금 해병대 모습이 어떤 모습인지 되돌아보기를 바란다"고 박 단장을 맹비난했다.

증인이 떠난 뒤 박정훈 피고인이 신상 발언을 했다. "28년 군 생활을 하면서 사령관님과 총 3번 같이 근무했습니다. 부하를 위하고 해병대를 사랑하는 마음에 가슴 깊이 존경해왔고 항상 충성으로 보답했습니다. 오늘 참담한 이런 현장에 얼마나 고충이 심하실까 가슴이 너무 아픕니다. 비록 이 자리에 계시지 않지만 참담한 이런 상황에서 고통이 심할 텐데 진심으로 사령관님에게 수고하셨다고 말씀드립니다."

대한민국 해병대 사령관 중장 김계환이라는 인물과 대한민국 해병대 수사단장 대령 박정훈이라는 인물은 한때 호흡이 척척 맞았다. 상관은 부하를 신뢰했고 부하는 충성을 다해 상관의 뜻을 받들었다. 그러나 '원하지 않는 운명'이 두 사람 사이를 갈라 비집고 들어왔고, 법정에서의 현실은 비정하기만 했다. 역사는 기록할 것이다. 누가 참군인인가를….

3

대통령실의 전방위적 개입

민병덕 의원(민주당) 경찰에 사건이 이첩된 것을 보고받았습니까?

조태용 안보실장 임기훈 국방비서관에게 보고는 받았던 것 같은데, 대통령에게 보고하지 않았습니다.

임기훈 국방비서관 언론을 통해 봤던 것으로 기억나는데 제가 특별히 누구한테 보고받은 바는 없습니다.(2023년 8월 30일 국회 운영위원회)

점입가경이었다. 그간 조용히 움직이던 대통령실이 사건 전면에 등장했다. 대통령 안보실은 몰라도 공직기강비서관실은 이 사건에 끼어들 권한이 없다. '대통령의 격노'가 있다고 하면, 그것은 '어명'이나 다름없는 것이었다. 어명은 법치주의 원칙에 어긋난다. 대통령은 국군통수권자로 '엄정하게 조사하라'고 지시할 수 있다. 그러나 구체적으로 '누구를 처벌해라, 말아라'는 식의 언급은 적절하지 않다. 법률에 근거한 대통령의 적법한 권한 행사가 아니다.[4]

대통령실이 적극적으로 움직여서인지 수사 기록 이첩에 대한 국방부 대응은 몹시 거칠었다. 우격다짐이라고 느껴질 만큼 무리했다. 장관, 차관, 군사보좌관, 법무관리관에 이어 수사권을 가진 국방부 검찰단도 뛰어들었다.

대통령실과 국방부는 대놓고 한 세트처럼 움직였다. 유재은 법무관리관은 8월 2일 수요일 오후 1시 50분경 경북경찰청 노 모 수사부장에게 전화를 했다. 해병대 수사단이 오전에 이첩시킨 수사 기록을 반환해달라는 전화였다. 국방부 법무관리관이 지방경찰청 수사부장을 직접 알 턱이 없다. 대통령 공직기강비서관실이 두 사람을 연결해주었다. 경찰에서 파견된 행정관이었다.

공직기강비서관실의 박 모 경정은 '누군가'에게 지시를 받고 경찰청 국가수사본부 이 모 과장에게 연락했다. 그는 국방부와 해병대 수사단 사이 갈등 상황을 알려주며 법무관리관과 경북경찰청 수사부장 간 연결을 부탁했다. 청탁을 받은 국가수사본부의 이 과장은 수사부장에게 연락해 "국방부 법무관리관이 채 상병 사건 기록 회수 문제와 관련해 전화를 할 것"이라고

4 박정훈 단장 측 변호인이 군사법원을 통해 받은 이종섭 국방부 장관의 통화 내역을 분석한 결과, 윤석열 대통령은 이첩 기록 회수가 이뤄진 2023년 8월 2일 당일에 우즈베키스탄에 있던 이종섭 장관과 3차례 통화를 했다. ①낮 12시 7분 44초부터 4분간 ②낮 12시 43분 16초부터 13분간 ③낮 12시 57분 36초부터 52초간이다. 대통령과 통화 직후부터 국방부 검찰단은 해병대 수사단이 경북경찰청에 이첩한 기록을 회수했고, 김계환 해병대 사령관을 수사했으며, 박정훈 단장을 집단항명수괴 혐의로 입건했다. 그럼에도 불구하고 이종섭 장관은 이첩 기록 회수 보고는 사후에 보고를 받았다고 주장한다.

전달했다.

더 충격적인 사실은 대통령의 핵심 참모인 이시원 공직기강비서관이 유재은 법무관리관과 직접 통화를 했다는 사실이다. 통화 시각은 오후 4시가 넘어서인 것으로 전해진다. 공직기강비서관은 국방부 법무관리관에게 무슨 말을 했을까. 7월 31일 월요일 국방부 장관이 해병대 부사령관에게 전달해준 '10가지 지시'를 떠올리지 않을 수 없다. 이 10가지 지시는 누가 만들어 준 것일까. 국방부 참모는 아니라고 앞에서 결론지었다. '10가지 지시'를 만들 수 있는 사람은 법률적 지식뿐만 아니라 정무적 판단을 할 수 있는 사람이어야 한다. 군인으로서는 생각하기 어려운 지시 내용이었다.[5]

유 법무관리관은 공수처 조사에서 "이시원 비서관과의 통화에서 군 사법 정책과 관련해 논의를 했다"고 진술했다. 군 사법 정책 논의라 하면 매우 포괄적이다. 채 상병 사건과는 아무

5 이시원 대통령실 공직기강비서관은 주진우 전 법률비서관과 함께 검사 시절 윤석열 대통령과 인연을 가졌다. 이 비서관은 공안검사 출신이다. 특히 2013년 서울중앙지검 공안1부 소속 검사였던 이 비서관은 서울시 공무원 간첩조작 사건으로 징계를 받았다. 그는 피해자 유우성 씨를 수사, 기소 후 공소유지에 관여했고 공판에서 중국 당국의 문서를 위조한 국정원의 서류를 증거로 활용했다. 그러나 증거의 진위 여부 확인을 소홀히 했을 뿐, 직접 증거 조작을 하지 않았다는 등의 이유로 정직 1개월의 징계만 받았다. 이 일로 검찰의 제 식구 감싸기, 솜방망이 징계 논란에 휩싸였다. 그는 윤석열 대통령이 국정원 댓글 수사로 대구고검에 좌천돼 있던 시절 함께 근무한 인연 등으로 공직기강비서관에 임명됐다. 윤석열 대통령은 2024년 5월 7일 민정수석실을 새로 만들면서 공수처 수사선상에 오른 이 비서관을 교체했다.

관련도 없는 대통령실 공직기강비서관이 왜 하필 이 시점에 군사법 정책을 논의했을까. 군 사법 정책은 범죄로 인한 군인 사망 사건 수사 절차도 포함된다. 유 법무관리관이 박정훈 단장과 다툰 "혐의자를 넣어라, 빼라"는 문제도 군인 사망 범죄 사건에서 첨예한 주제이다. 유 법무관리관의 진술을 매우 의미심장하게 들여다봐야 한다.

대통령의 격노에서 이번 사건이 시작됐다고 짐작할 수 있지만, 대통령실이 어디까지 개입돼 있는지 알기 어렵다. 하지만 공수처가 해병대사령부와 국방부, 경북경찰청 관계자들을 직권남용 혐의로 수사하면서 외압의 증거와 정황들이 하나둘씩 드러나고 있다. 경북경찰청 수사부장은 법무관리관이 전화를 걸어와 사건 회수에 대해 협의를 했다고 인정했다.

'대통령의 격노'가 없으면 대통령실이 채 상병 사건 이첩에 관심을 가질 이유가 없다. 해병대 수사단의 이첩 후, 안보실에서 가장 먼저 연락해온 사람은 임종득 2차장이었다. 임 차장은 우즈베키스탄에 있는 군사보좌관과 문자 대화가 막 끝난 시각인 12시 50분경에 김 사령관에게 연락했다. 두 사람은 7분 52초간이나 통화를 했다. 대통령실은 전방위적으로 나섰다.

해병대에서 안보실에 파견 나간 김형래 대령도 이날 낮 12시 51분 해병대 비서실장에게 전화했다. 그 전화를 못받은 비서실장은 이후 확인하고 1시 26분쯤 김 대령에게 연락했다. 두 사람의 통화가 이뤄지고 24분이 경과한 1시 50분경에는 유 법무관리관이 경북경찰청 수사부장에게 전화했다. 국방부보다 대통령실이 오히려 더 다급하게 움직였다.

임종득 2차장은 또 등장한다. 개인 휴가차 외국에 나갔던 임 차장은 이날 오후 4시경 귀국했다. 임 차장은 공항에 도착하자마자 국방부 장관과 해병대 사령관에게 전화를 돌렸다. 임 차장은 "이첩이 어떻게 된 일이냐"고 김 사령관에게 물었다. 김 사령관은 8월 25일 국회 국방위 답변에서 "이첩이 강행된 전후 사정에 대해 임 차장에게 설명을 드렸다"고 증언했다.

조태용 안보실장은 8월 30일 국회 운영위에서 "경찰에 사건이 이첩된 것을 보고받았나"라고 묻자 "임기훈 국방비서관에게 보고는 받았던 것 같은데, 대통령에게 보고하지 않았다"고 대답했다. 임 국방비서관도 "언론을 통해 봤던 것으로 기억나는데 제가 특별히 누구한테 보고받은 바는 없다"고 밝혔다. 하지만 그 당시 어떤 언론도 이첩 사실을 알고 보도한 바 없다.

조태용 안보실장은 "채 상병 사건 이첩은 관심도 없는 사안"이라고 잡아뗐다. 그런데 왜 안보실의 2인자인 2차장이 귀국하자마자 '이첩이 강행된 전후 사정'을 허겁지겁 파악해야 했을까. 납득이 가지 않는 설명이다. '박 단장 보직 해임→이첩 기록 회수→박 단장 입건' 조치가 순서에 맞춰 일사천리로 진행됐다. 대통령실 파견 해병 대령은 해병대에 연락하고, 공직기강비서관실 경찰 행정관은 법무관리관을 경북경찰청에 안내하고, 안보실 2차장은 직접 상황을 파악했다.

비상 상황이라고 해도 과언이 아니었다. 채 상병의 죽음은 국민들에게 절망감을 안겨주었다. 윤석열 대통령은 엄정하게 수사하라고 지시했다. 해병대 수사단은 그 지시를 충실하게 이행했다. 사고 원인을 조사한 결과 임성근 1사단장은 작전 지휘권이 없는데도 수색 현장에 올라와 작전 지도를 펼쳤다. 장병들이 수변에서 실종자 수색을 하는 장면도 목격했다. 그런데도 안전 장비 착용에 대한 지시를 하지 않은 채 수색 작업이 미흡하다고 현장 지휘관들을 압박했다. 대대장들은 압박감을 못 이기고 허리 아래까지 장병들을 입수시켜 수색 작업을 하다가 결국 사건이 발생했다.

해병대 수사단은 임성근 1사단장에게 책임을 묻기로 하고 경찰에 사건을 이첩했다. 수사단의 판단은 민간 수사기관인 경찰과 검찰이 2차, 3차에 걸쳐 검토하게 될 일이었다. 최종적으로 임 사단장은 법에 따라 처벌될 수도 있고 그러지 않을 수도 있다. 국민들이 기대한 것은 투명한 수사였다. 대통령이 혹시 다른 생각을 가졌다면 안보실 참모들은 진언을 올려 민심을 전하고 설득하는 일을 해야 한다. 그런데 심기 경호에만 열을 올리며 수사단에 혐의자 변경을 요구하고 이첩한 수사 기록을 법에 근거도 없이 회수하려 하니 이런 사단이 발생한 것이 아닐까. 순리대로 일이 처리됐다면 오히려 대통령이 박수 받을 일이었다.

그런데 채 상병 특검법이 제기되자 대통령실은 "해병대 수사단은 수사권이 없다"고 주장한다. 채 상병 사망 직후 윤석열 대통령과 국방부 장관은 "엄정하게 수사하라"고 지시했는데, 그럼 도대체 어느 사법당국에 지시했다는 말인가. 앞뒤가 맞지 않는다. 대통령실 말이 맞다면 국방부는 해병대 수사단의 기초 수사를 아예 처음부터 막았어야 한다.

공직기강비서실 개입은 대통령실 역할에 대한 의문을 더 키운다. 키는 대통령실에서 잡고 국방부 장관도 어쩌면 중간 기착지에 불과했을 가능성이 높다. 장관은 총 8명을 업무상과 실치사 혐의로 이첩하는 것을 승인했다. 그런데 하루가 지나지 않아 결재를 번복했다. 장관은 "결재를 할 때도 확신이 있어서 한 것은 아니었다"고 변명했지만 그는 8월 1일부터 해외 순방 중이었다. 대통령실과 직접 의사소통하며 경북경찰청에서 사건 기록을 강제 회수하는 일까지 일사분란하게 지휘하기 어려운 상황이었다.

김 사령관은 상황이 이렇게 최악이 될 것으로 생각하지 못했을 것이다. 알았다면 '너로 인해 많은 사람들이 살게 됐다'고 말했을 리 없다. 시간은 8월 2일 오후 2시 40분을 넘어서고 있었다. 김동혁(육사 54기, 준장) 국방부 검찰단장은 긴급 회의를 열었다. 이첩된 서류부터 우선 회수하기로 결정했다. 박 단장과 '성명불상'이라고 적은 3명에 대해 '집단항명수괴 혐의'를 적용해 입건하기로 한 것도 여기서 결정됐다.

김동혁 검찰단장은 검사를 대동하고 경기도 화성 해병대사령부로 날아갔다. 이첩 수사 기록을 회수해야 할 수사관 1명은 경북 안동으로 출동시켰다. 오후 3시가 막 지난 시각이었다. 군 검찰단의 이첩 서류 회수 정보를 파악한 중수대장이 제1광수대장에게 다급하게 연락했다. "검찰단이 이첩 기록을 회수할 것 같다"는 내용이었다. 그러나 해병대 수사단은 무력했다.

'집단항명수괴'로 해병대 수사단장을 입건하고 이첩된 기록을 강제로 뺏는 일은 평소 이종섭 장관의 스타일과 어울리지 않는다. 만약 그럴 생각이었으면 장관은 우즈베키스탄에서 난리를 쳤어야 했다. 해병대 사령관에게 '당신 뭐하는 거요, 내 말을 안 들을 겁니까. 똑바로 하시오!'라고 한 번이라도 경을 쳤어야 할 일이다.

아니나 다를까 이종섭 장관이 그날의 상황을 실토했다. 2024년 4월 17일 그는 변호인을 통해 입장을 밝혔다. "경북경찰청에서 이첩된 자료를 회수한 사실은 귀국 후에 사후 보고를 받는 과정에서 알게 된 사안입니다. 하나, 국방부 검찰단 역시 국방부 장관인 저의 지휘를 받는 국방부 소속 조직으로, 그 사건 조사 자료 회수를 저의 행위로 평가해도 좋습니다." 비록 사후적으로 책임이 있지만 국방부 검찰단의 자료 회수에 직접 관여하지 않았다는 실토이다.

김정민 변호사는 이렇게 해석했다.

이첩 기록 회수라는 중요한 일을 장관의 지시로 움직여야 하는데 장관도 모른 체했다는 거잖아요. 그러면 국방부 검찰단장이 독자적으로 그렇게 할 권한이 있는 건가요. 검찰단장이 혼자 미치지 않으면 가능하겠습니까? 이거는 용산 대통령실이 움직였다는 증거라고 생각합니다. 안보실의 임종득 2차장도 부지런히 움직였잖아요. 이시원 비서관은 법무관리관과 통화했어요. 모든 게 연결돼 있다고 추정합니다. 그러니까 박 단장을 집단항명으로 입건한 것도 자기들이 알아서 했을 거예요. 국방부 장관 입장에서 자기가 항명을 당했다고 동네방네 떠들고 싶을까요? 창피하잖아요. 그러니까 장관 의지와 상관없이 빨리 기록을 회수해야 한다는 누군가의 다급함이 있지 않고는 이게 불가능한 거죠. 물불을 가리지 않은 거예요. 경북경찰청도 꼼짝 못하게 된 거죠. 이종섭 장관의 실토 의도는 무엇이겠습니까? 결과적으로 내 책임이지만 나는 관여하지 않았다는 게 핵심이잖아요. 이첩 기록 회수는 빼도 박도 못하는 직권남용죄에요. 해병대 수사단이 이첩한 기록을 당사자도 아닌 군검찰단이 어떻게 회수를 해옵니까? 무단 반출이에요. 자기들은 기록이 이첩이 안 된 상태이니 가져와도 된다느니 말하지만 그건 그들의 변소일 뿐이고요. 영장조차도 없는데요. 모든 것이 어명으로 이뤄진 것으로 봐야 해요.

국방부 검찰단장이 입회한 가운데 김계환 해병대 사령관에 대한 군검찰 1차 조사가 해병대사령부에서 시작됐다. 김 사령관은 참고인 자격으로 신문에 응했다. 1차 조사는 3시간이 넘게 진행되었다. 김 사령관은 박 단장에 대해 "피의자(박정훈 단장)가 사령관 지시를 어긴 것은 명확하지만 이것을 단순한 사실로 볼 것이 아니라, 다른 사정들이 혼재해 있다는 점이 고려돼야 할 것 같다"고 말했다. 또한 "박 단장이 성역 없이 정직하게 수사했다고 생각한다"고 덧붙였다.

4

"우리는 진실되게 했기 때문에
잘못된 건 없어"

국방부 검찰단은 김계환 사령관에 대한 조사를 8월 2일 수요일 오후 5시경부터 시작했다. 집단항명수괴 사건의 참고인 신분이었다. 조사를 마친 김 사령관은 해병대 수사단 박세진 중수대장에게 연락했다. 밤 9시 48분이었다. 사령관은 본인도 조사를 받았을 뿐만 아니라 수사단장도 공석이었으므로 상황을 통제할 필요가 있었다. 자칫하면 해병대 수사단이 동요할 수 있는 일이었다. 김 사령관은 앞으로 박정훈 수사단장과는 통화할수 없다고 말했다. 국방부 검찰단장이 요구한 모양이었다. 김사령관은 "국방부 법무관리관과 통화한 녹취기록 등을 갖고 있냐"고 중수대장에게 물었다.

　김 사령관은 군검찰단 조사를 받고 나서 예상과 달리 상황이 매우 심각하다는 사실을 알았다. 그는 이번 사태의 책임으로 박 단장을 보직 해임하고 징계나 하면 되겠다고 생각했던것 같다. "너로 인해 많은 사람이 살게 되었다"는 말은 그런 취지였다. 그런데 전시에나 있을 법한 '집단항명 사건'이 되고 말

앉다. 김 사령관은 중수대장과 통화에서 "우리는 진실되게 했기 때문에 잘못된 건 없어. 우리는 거짓 없이 했으니까 됐어"라고 애써 자위하는 모습을 보였다. 복잡다단한 심경이었음이 틀림없다. 사태가 이렇게 큰 방향으로 흘러갈지 몰랐다.

김 사령관은 "뭐 어떻게 보면 무거운 짐 다 지고 가지"라며 본뜻을 알 수 없는 말도 했다. 자신이 책임을 지고 간다는 건지, 아니면 박 단장이 지고 가게 한다는 건지 분명치 않았다. 국방부 검찰단은 김 사령관을 조사 하는 동시에 안동에 위치한 경북경찰청에서 채 상병 사건 수사 기록을 회수했다.

이날 오전 임성근 1사단장 등 8명의 업무상과실치사 혐의를 기록해 해병대 수사단이 경북경찰청에 이첩시켰던 사건 기록이었다. 김 사령관은 박세진 중수대장으로부터 국방부가 사건 기록을 회수했다고 전해 들었다. 그는 채 상병 사건 이첩 기록 강제 회수에 대해 해병대 수사단은 "더 이상 개입하지 말라"고 지시했다. 해병대 최고 수장인 3성 장군이니 군내 속성에 도가 텄을 것이다. 김 사령관은 아주 현실적이고 냉정한 정치군인의 면모를 갖고 있었다.

박세진 중수대장의 용기가 아니었으면 이 통화 녹취록은 공개될 수 없었다. 녹취파일은 박세진 중수대장이 박정훈 수사단장에게 직접 건네준 것이었다. 항명 사건으로 조사받는 동안 박 단장은 경기도 화성 해병대사령부 내 구석진 곳에 거의 유폐되다시피 했다. 내부 인트라넷 말고는 인터넷도 연결되지 않는 사무실에서 혼자 근무했다. 박 중수대장은 어느 날 박 단장을 만나 녹취파일을 공개해도 좋다며 전해주었다.

박정훈 수사단장은 중수대장에게 미안한 마음이 들었다. 파일이 공개될 경우 동료 부하에게 피해를 줄 수 있기 때문이었다. 박 단장은 미안한 마음에 녹취파일을 줄 것을 어떻게 결심했냐고 물었다. 박 중수대장은 "녹취파일을 건네지 않았다가는 나중에 두고두고 평생의 한이 될 것 같습니다"라고 말했다. 박세진 중수대장의 결정을 군사경찰의 '의리'라고만 평가하기엔 부족할 것 같다. 사람들은 진실 앞에서 입을 꾹 닫았다가 평생 후회를 하곤 한다. 어떤 사람은 양심을 버리지만, 어떤 사람들은 양심 때문에 평생 괴로워한다. 그는 후자였다. '전우애'가 아니라면 이런 일은 가능하지 않을 것이다. 녹취파일엔 당시 상황과 이 사건을 관통하는 진실이 곳곳에 숨겨져 있다.

중수대장 필승! 중령 박○○입니다.

사령관 ○○아.

중수대장 네. 사령관님.

사령관 아침에 너네 저기 수사단장 그만둔 걸 누구누구 알고 있어?

중수대장 수사단장 그만둔 거 많이 알고 있는 것 같습니다.

사령관 너네, 너네.

중수대장 저희, 네. 저희 일단 수사단 인원들은 다, 중수대하고 여기 (수사)단본부 인원들은 다 알고 있고.

사령관 어.

중수대장 네, 그다음에 일부 이제 1광수대 인원들도 알고 있고, 2광수대만 좀 모르고 있는 것 같습니다.

사령관 내일 아침에 좀 회의해서.

중수대장 네.

사령관 일체 말 안 나오게.

중수대장 네.

사령관 그게 오히려 더 저기에 영향을 미칠 수가 있어서.

중수대장 네.

사령관 그래서 일단 국방부에서도 다, 지금 이건 어차피 나중에 조사를 해봐야 되는 거니까.

중수대장 네네.

사령관 어? 그다음에 적어도 (박정훈 대령이) 인사소청할 수 있는 시간도 있고 그러니까.

중수대장 네네.

사령관 그러니까는 그 뭐. 일단은 그래도 지금 저걸 해야지 밖으로 말 안 나오게.

중수대장 네, 알겠습니다.

사령관 쉽지 않은 부분이다. 이거. 내가, 나도 한 3시간 반, 4시간 정도 가까이 조사받고 왔는데.

중수대장 네.

사령관 이게 이제 뭐 이렇게 되고 나면 나중에 정훈이하고, 나하고는 이제 정훈이하고 통화하면 안 된다 그러더라고. 그러니까. 그래서 또 수사관들이 또 뭐 이렇게 해서 또 저거하고 그런 일이 없도록. 어차피 <u>우리는 저 진실되게 했기 때문에 잘못된 건 없어. 정훈</u>

이가 답답해서 그랬겠지. 그럼 정훈이가 또 저쪽에 뭐야? 국방부 법무관리관하고 얘네들 통화한 거 다 있을 거 아니야? 기록들 있지?

중수대장 네, 맞습니다. 기록도 있고, 그 통화할 때 저하고 이렇게 지도관하고 다 회의하던 중간에 법무관리관이 막 전화 오고 이래가지고.

사령관 어.

중수대장 그때 옆에서 또 다 들었습니다. 다 듣고 할 때도 이게 '너무 이렇게 외압이고, 위법한 지시를 하고 있다'라고 다들 이렇게 느끼면서 이렇게 하고 있어서.

사령관 결국 그것 때문에 본인이 책임지겠다는 거 아니야?

중수대장 네, 맞습니다.

사령관 그래서 이렇게 이게 지네가 다(지내다가?) 해다가 안 되면 나중에, 내 지시사항을 위반한 거로 이렇게 갈 수밖에 없을 거야. 또.

중수대장 네네.

사령관 그치?

중수대장 네.

사령관 근데 거기에는 또 원인하고 뭐 이런 게 있으니까. 그거는 뭐 어차피 조사하면 나올 거니까. 근데 일단은 뭐. 그래서 수사관들한테 딴 얘기를 하지 말고. 내가 봤을 때는 진정으로 원칙과, 공정하고 원칙대로 이렇게 다 했으니까 기다려보자.

중수대장 일단 내일 아침에 회의 소집해가지고 그렇게 일단 이야기를 하겠습니다.

사령관 이○○ 소장한테도 좀 얘기를 해주고. 그 친구.

중수대장 네.

사령관 어차피 이제 우리가 넘어갔으니까는, 실질적으로는 인제 경찰에서 조사할 거 아니가? 걔네들이.

중수대장 경찰에(한숨) 알고, 지금 들어보니까 경찰에 넘긴 기록도 국방부에서 이렇게 받아가겠다고 그런 식으로 또 무리하게 지금 하고 있는 것 같습니다, 보니까.

사령관 아, 그건 우리가 관여할 게 아니잖아.

중수대장 네 맞습니다.

사령관 어?

중수대장 네.

사령관 그거 우리 관여할 것도 아니고, 이제는 우리 저거 했으니까 우리 손 다 떠난 거고, 그치?

중수대장 네.

사령관 그래서 우리가 결국은 최악의 저거로, 아니 최외적(?)으로 해서 우리들 저걸 못할 것 같으면 조사본부에서 해달랬는데 그걸 안 했던 거 아니야?

중수대장 네 맞습니다.

사령관 아 그래? 거기는 국방부에서 받아 갈라 그런대?

중수대장 네, 검찰단에서 경북경찰청으로 연락이 왔다고 합니다.

사령관 어, 뭐라고?

중수대장 연락이 와서 이 사건 기록을 정식 접수 안 한 걸로 해달라고 하면서 이제 그렇게 연락이 와서 그 경찰 쪽에서 또 1광수대 쪽으로 연락이 와가지고 이렇게 이야기하고 있다라는 이야기도 이렇게 하고 있어서.

사령관 우리는 거기 관여하지 마.

중수대장 네.

사령관 그 관여할 필요가 없잖아.

중수대장 네 맞습니다.

사령관 이제는.

중수대장 (한숨 쉬면서) 국방부에서 만약에 그 기록을 가져가는 순간, 아마 자기들 다 발목 잡을 겁니다, 이제.

사령관 그 뭐 어떻게 됐든간에 이제는, 우리는 지금까지 거짓 없이 했으니까 됐어. 벌어진 건 벌어진 거고, 뭐 어떻게 보면은 무거운 짐 다 지고 가지.

중수대장 네.

사령관 그러자. 내일 애들 힘내자. 좀 저거 그래도 너무 저거하지 않게. 그러자.

중수대장 알겠습니다. 필승.

김계환 사령관은 "우리는 거짓 없이 했다. 공정하고 원칙대로 했다"고 몇 번씩이나 강조했다. 또 "어차피 이제 우리가 넘겼으니까, 실질적으로는 이제 경찰에서 조사할 거 아닌가? 걔네들이"라고 묻는다. **경찰이 제대로 수사해 임성근 1사단장을 사법 처리하면 박 단장의 집단항명수괴 사건도 자연스럽게 소명되지 않겠냐는 취지로 해석된다.** 그러나 그런 일은 결코 일어나지 않았다. 김계환 사령관은 이때만 해도 박정훈 단장을 버리지 않았는지 모른다. 그러나 딱 여기까지였다. 그다음 어떤 압력이나 조력, 회유를 받았는지, 아니면 본인의 소신인지 알 수 없으나 김 사령관은 냉정한 정치군인으로 돌아갔다.

5

고양이 앞에 쥐

경북경찰청 관계자 해병대 수사단에서 오전에 접수한 공문은 어떻게 해야 할까요?

군검찰 수사관 해병대 수사단에 반송하든지 알아서 하세요.

경북경찰청 노 모 수사부장은 "이첩된 수사 자료를 넘겨달라"는 국방부 법무관리관의 전화를 받고 난감했을 것이다. 정상적 절차로는 가능한 일이 아니었다. 경찰로 불똥이 튀자 수사부장 주재로 1시간 넘게 긴급 회의가 열렸다. 대통령실과 국방부 검찰단까지 직접 개입하기 시작했다. 군검찰에서 경북경찰청에 첫 연락을 한 것은 오후 3시 넘어서였다. 검찰단 수사관이 이첩 기록을 회수하러 직접 서울에서 내려온다는 것이었다.

검찰단 수사관은 저녁 7시경 도착했다. 공군 중사이니 30대 후반 정도 됐을 것이다. 퇴근 시간을 넘겼는데도 경정 2명, 경감 1명, 수사관 2명까지 경북경찰청 소속 경찰 총 5명이 대기했다. 검찰단 수사관은 자세한 얘기는 못하지만 중요한 항명 사건이라고 밝혔다. 미리 윗선에서 정리가 됐는지 경찰은 이첩 서류를 그에게 순순히 넘겨주었다. 경북경찰은 이첩된 수사 기록의 사본을 만들어두고 있었다. 본격 수사를 위해 수사팀에 공유할 목적이었다. 그러나 검찰단이 이첩 서류를 회수해간 뒤 복사본마저 모두 폐기해버렸다. 수사 기록이 정식 이첩되지 않았다는 구실을 만들기 위한 '알리바이' 목적으로밖에 보이지 않는다.

설상가상이었다. 수사관이 회수한 이첩 기록을 들고 나가는데 경찰관 1명이 그에게 물었다. "해병대 수사단에서 오전에 접수한 공문은 어떻게 해야 할까요?" 해병대 수사단이 접수한 공문은 당연히 수사단과 협의할 일이었다. 민간 경찰이 공군 중사 계급인 검찰단 수사관에게 물어볼 사안이 아니었다. 수사관은 서울로 올라가면서 알려주겠다고 태연하게 말하고 떠났다. 곳곳이 코미디와 같다.

서울로 향하던 검찰단 수사관이 다시 연락했다. "상부 지시를 받고 종결처리 하든지, 아니면 해병대 수사단에 반송하든지 알아서 하라"고 말했다. 군검사가 직접 내려온 것도 아니고 일개 군검찰 수사관이 왔을 뿐인데도 경찰은 경정급 간부가 2명이나 대기하고 있다가 기록을 홀라당 내주었다. 경찰은 수사관이 일러준 대로 접수한 공문을 반송했다. 해병대 수사단은 황당했다. 군사법원법에 따라 공문을 보내고 사건 기록을 수사권을 가진 경찰에 적법하게 이첩시켰는데 사건 기록은 검찰단으로 가고 접수 공문만 반송되어 왔다.

경북경찰청의 행태는 직권남용 혐의의 수사 대상이다. 해병대 수사단이 접수한 이첩 수사 기록을 국방부 검찰단이 영장도 없이 회수해간 건 법 절차에 어긋날 뿐만 아니라 수사 방해에 해당한다. 해병대 수사단과 국방부 검찰단은 별개의 다른 조직이다. 지휘 구조상으로도 전혀 연결되지 않는다. 경북경찰청과 대검찰청이 전혀 다른 기관인 것과 같다. 이첩 서류를 회수해가려면 경찰은 최소한 공문이라도 받아야 했다. 이첩한 서류의 반송처는 당연히 해병대 수사단의 제1광수대장이다. 이첩 행위는 소송행위에 해당하고 법적인 이첩 권한도 제1광수대장이 갖고 있다.

경찰은 군검찰에게 절절맸다. 며칠 후 검찰단 수사관이 면담 명목의 조사를 하겠다고 또 내려왔다. 면담 명목이라는 것도 소가 웃을 일이다. 수사관은 해병대 수사단에서 이첩받을 때 무슨 얘기를 했는지 등을 꼬치꼬치 캐물었다. 당시 수사단이 '외압' 얘기도 했다는데 사실이냐고 물었다. 수사단은 "저희는 사단장을 혐의자에서 빼라는 외압에도 흔들리지 않았습니다. 외압이 심각했고 경찰도 외압을 받을 수 있다"고 설명했고, 경북경찰 관계자는 "저희도 최근에 포항시장을 조사했는데 그 '외압'을 맛보았습니다"라며 걱정 말라는 취지로 대꾸했었다.

경찰이 사건을 이첩 받기 전 내사를 한 사실이 있는지에 대해서도 물었다. 경찰은 채 상병이 사망하고 며칠 뒤인 7월 하순 무렵 팀장을 통해 "경북경찰청에 언제쯤 사건을 줄 수 있나, 늦어지면 자체적으로 수사에 착수할 수밖에 없다"고 말했다. 내사까지 했던 경찰이 국방부 검찰단에 이첩된 서류를 허망하게 넘겨줄 것이라고 해병대 수사단 누구도 생각하지 못했다. 검찰단 앞에서 경찰은 '고양이 앞에 쥐'와 같았다.

윤희근 경찰청장은 국회에서 자기들은 협조 차원에서 기록을 줬을 뿐이고 항명 사건 증거로 압수당한 적이 없다고 밝혔다. 협조에도 절차와 규정이 있다. 그것이 법치주의 원칙이다. 채 상병 사건에서 경찰의 직권남용 행위 또한 외압 수사와 함께 꼭 규명돼야 할 사안이다.

6

경찰이 울면
시민은 누가 보호하나

요즘 경찰의 행태를 보면 심란하다. 2010년대 초반에는 경찰에 수사권을 부여해야 한다는 여론이 압도적이었다. 정치검찰에 대한 비판이 커지는 동안 경찰은 국민의 지지를 바탕으로 수사 권한을 확대할 수 있었다. 그러나 윤석열 정부 들어 경찰은 스스로 그들의 기반을 갉아먹었다. 경찰은 국가수사본부라는 컨트롤타워를 만들어 전국 수사를 지휘한다. 경찰청장과 각 지방경찰청장 등의 권력으로부터 수사권을 떼어내 수사의 독립성과 정치적 중립성을 보장하기 위한 작업의 일환이다. 그러나 해병대 사건에서 보는 바와 같이 경찰은 오히려 권력에 더 아부하는 조직이 되고 말았다.

대통령실 행정관이 국가수사본부 과장에게 전화하고, 국가수사본부 과장은 경북경찰청 수사부장에게 연락해 이첩된 수사 기록 회수를 논의했다. 계통을 건너뛰는 후진적인 권력 남용 행위이다. 경찰은 이 사건에서 법의 형식도 울타리도 모두 걷어냈다. 군인권센터가 공개한 해병대 수사관과 경북경찰청 팀장 간의 녹취록을 보면 경찰의 무력함이 어느 정도인지 생생하게 볼 수 있다. 첫 통화는 검찰단이 막 사건 기록을 회수해간 8월 2일 수요일 저녁 8시 15분경부터 이뤄졌다.

해병대 수사관(이하 수사관) 팀장님 저 궁금한 게 있어서….

경북경찰청 팀장(이하 팀장) 예.

수사관 오늘 저희가 사건을 정확하게 인계를 드렸다고 말씀드렸잖습니까?

팀장 예.

수사관 근데 왜 경북청에서는 제공을 받았다, 인계를 못 받았다고 하는지 그게 좀 궁금해서 연락을 드렸습니다.

팀장 어, 못 받았다고 그게 무슨 뜻이지요?

수사관 그러니까 경북청 공식 입장은 사건을 인계받은 게 아니고 사건 자료를 제공받았다는 식으로 이렇게 뭐 이렇게 나온다고 그래서 질문을, 뭐 설명을 드리면서 '이렇게 정확하게 사건 인계서 공문까지 저희가 다 편철을 해서 인계를 드립니다'라고 하고 왔는데, 사실 지금 구체적으로 저희가 들어보니까 인계 받은 게 아니고 자료를 제공받은 정도로만 이런 식으로 경북청에서 일단 입장을 표명하셨던데 그 사유에 대해 궁금해 연락을 드렸습니다.

팀장 예 수사관님, 저희들도 내부에 지금 검토 중에 있고요. 그 부분은.

수사관 아니 이미 공식적으로 그렇게 답변을 했다 그래서.

팀장 아.

수사관 그러니까 지금 저희는 나름대로 저희 입장 전부 다 설명을 좀 드렸고 현재 이렇게 하는 부분에 대해선 모든 걸 다 내려놓고 말씀 다 드렸습니다.

팀장 네, 네, 네.

수사관 근데 이제 이렇게 되다보니까 저희는, 저는 개인적으로 담당 수사관으로서 좀 그러한 부분들이 너무 이해가 안 되고 그건 아까도 저희가 말씀드렸지만 이러한 외압적인 부분에서 저희도 이렇게 하지만은 '청에서 분명 외압이 들어올 거다'라고 저희가 말씀드린 건데 저희는 조금 안타까워서 뭔가 사유가 있지 않을까 연락을 드렸습니다.

팀장 무슨 뜻인지 알겠습니다. 저희들 지금까지 뭐 말씀드리는 게 아니라 저희들도 지휘부에 검토 중이라서 제가 일단은 안 그래도 저희 대장님도 헌병대장님한테 전화를 받으셨더라고요. 지금 그런 사정이 있는데 제가 그 부분은 차후에 연락드리겠습니다.

수사관 아 너무 어렵습니다. 팀장님.

다음 날 8월 3일 다시 해병대 수사관과 경북경찰청 강력범죄수사대 팀장이 통화했다.

수사관 팀장님 이거 너무한다 생각 안 하십니까? 저희가 범죄자 취급받으면서 지금 압수수색 당하고 있습니다. 사람이 죽었습니다.

팀장 하… 맞습니다.

수사관 사실 규명을 위해서 그 책임자를 찾고 진실 밝히고 이게 뭐가 잘못되었습니까? 왜 경북청에서는 왜 아무것도 안 하십니까? 왜 그러십니까? 진실을 밝히는 게 잘못되었습니까?

팀장 아니 그거 잘못된 거 아닙니다. 수사관님.

수사관 그런데 왜 우리가 압수수색을 받고 이렇게 범죄자 취급 받아야 합니까? 아시지 않습니까?

팀장 예 그렇게… 맞습니다. 그게 어떻게 그렇게 이루어지고 있는지는 저희들도 잘 모르겠는데….

수사관 무슨, 무슨 근거로.

팀장 수사관님 맞습니다. 그거 밝혀져야 될, 모든 거는 밝혀야죠. 당연히 맞습니다.

수사관 죄송합니다. 팀장님께 그렇게 이유 없는데 죄송합니다. 팀장님.

팀장 아닙니다. 수사관님. 저도…진짜 근데요. 수사관님. 밝혀질 건 밝혀져야죠.

수사관 죄송합니다. 팀장님. 제가 흥분한 것 같습니다.

팀장 아… 진짜…. 하, 참, 하….

수사관 저희 수사단장님이 형사 입건됐습니다. 휴대폰도 압수당하고 압수수색 다 들어오고 여기도 동시 다 들어와 있는데요. 무슨 근거로 그 사건 기록이 그렇게 가야 되고 왜 경북청에서는 이첩받았다고 정당하게 말을 못하시고 뭐가 그렇게 무서운지를 잘 모르겠습니다. 이거 나중에 밝혀지면 어떻게 하시려고 그러는 겁니까? 우리는 겁이 안 나서 이렇게 했습니까? 겁났으면 이렇게 말도 안 했습니다. 주지도 않았습니다. 모든 걸 다 내려놓고 솔직하게 다

털어놨지 않습니까? 팀장님의 힘이 발휘 못 되는 것도 알고 있습니다. 팀장님도 실무자이기 때문에 알고 있습니다. 알고 있는데 아무도 진실을… 하, 이렇게 왜곡할 줄은 몰랐습니다. 이렇게 세상이 무서운 줄은 몰랐습니다. 다음에 꼭 사건이 거기로 가면 철저하게 수사를 좀 해주십시오. 팀장님.

팀장 알겠습니다.

수사관 저희 무고한 해병대원이 1명 죽었습니다. 저희가 부모님 앞에서 맹세를 했습니다. 맹세로 사실 관계를 정확하게 밝혀서 그 예방의 목적에 저희도 예방을 못했다면 저희도 처벌받겠다고 했습니다.

팀장 (흐느낌)

수사관 감사합니다. 전화 주셔서. 팀장님.

팀장 (흐느낌) 알겠습니다.

수사관 감사합니다. 팀장님…저 해병대 906기입니다. 대선배인거 알고 있습니다. 필승.

경북경찰청은 해병대 수사단으로부터 직접 사건 기록 인계를 완료하고도 이첩 기록을 제공받은 것이라고 언론에 설명했다. 보통 경찰이 검찰에 사건을 이첩할 때 '형사사법정보시스템(KICS, 킥스)'을 이용한다. 공문을 직접 접수시키지 않아도 '킥스'에 올리면 사건 이첩이 완료된다.

그러나 군사경찰과 경찰 사이에는 킥스 시스템이 없다. 해병대 수사단이 직접 경북경찰청에 찾아가 사건을 이첩시킨 이유이다. 경찰은 해병대 수사단이 킥스에 올리지 않아서 채 상병 사건 기록이 이첩되지 않은 것이라고 발뺌하기도 했다.

해병대 수사관은 '저항' 했지만 민간 경찰은 윗선 결정에 저항을 하지 않는다. 기가 막힌 일은 이첩 기록을 받아간 경찰이 울고 있다는 사실이다. 살인강도 사건이 났을 때도 경찰이 울고 있으면 시민들은 누구를 믿어야 하나. 군사경찰이 제 식구 감싸기로 군내 사건을 뭉개니 민간 경찰에 수사권을 넘겨줬는데 그 입법의 정신은 간 곳이 없는 현실이다.[6]

---

6   해병대 수사단 제1광수대장이 작성해 '정부 온나라시스템'으로 보낸 이첩 공문은 2023년 8월 2일 8시 2분경 이미 경북경찰청 담당자가 수신을 클릭했다. 실제 기록도 11시 50분경 이미 경북경찰청 담당자들에게 건네졌다. 심지어 경북경찰청은 이첩 기록을 1부 복사하기도 했다. 킥스 운운하며 접수가 안 되었다고 주장하는 것은 경찰이 범법행위를 감추기 위해 만들어낸 변명에 불과하다. 이 또한 공수처의 주요 수사 분야 가운데 하나이다.

7

항명 사건의 분수령

제가 그 이첩 보류 명령을 수명했다면 아마도 해병대는 수사 서류를 조작하고 왜곡하는 굉장히 부정직한 집단이 되었을 것입니다. 지금까지 군 생활하면서 해병대에서 충성과 정직함을 최우선으로 합니다. 특히 저는 군사경찰 병과장입니다. 제 방에는 '공명정대'라는 글귀가 있는데 항상 정정당당하고 공명정대하게 업무를 처리하는 게 제 신념입니다.(박정훈 단장, 8월 11일 KBS 〈사사건건〉과의 인터뷰에서)

8월 3일 목요일 아침이 밝았다. 해병대사령부는 고요했지만 간밤에 폭격을 맞고 충격에 빠진 상태였다. 김계환 해병대 사령관은 국방부 검찰단 조사를 받았다. 박정훈 수사단장도 이날 해병대 수사단 부하들과 함께 압수수색을 받았다. 충격적인 것은 '집단항명의 수괴'라는 혐의 사실이었다. 박 단장은 저녁 7시 30분경부터 1차 피의자신문을 받았다. 1차 조사는 1시간 만에 종료됐다. 군검찰은 처음에 연락이 되지 않았다는 이유로 경찰에 사건을 이첩했던 제1광수대장과 수사관을 함께 집단항명의 공범으로 엮기까지 했다.

군검찰이 국방부 장관의 지시도 없이 '누군가'의 지시로 허겁지겁 기록을 회수하고 조사에 나섰다 보니 상황을 파악하는 데 급급한 모양새였다. 조사자인 군검사가 피의자에게 되레 브리핑을 받는 형식이었다. 피의자 신문조서를 보면 군검사는 "계속 진술해보세요. 더 진술하고 싶은 것이 있는가요"라고 자주 물었다. 국방부 검찰단도 집단항명의 수괴라는 혐의가 너무 부담이 컸는지 그로부터 열흘 뒤인 8월 13일 혐의 내용을 '항명죄'로 변경했다.

박 단장과 변호인단은 군검찰의 2차 소환조사 통보를 놓고 고심했다. 변호인단 내부에서 찬반이 갈렸다. 군검찰의 소환조사에서 진술 거부 정도로 대응하자는 주장이 있었으나 논란 끝에 수사 거부를 하기로 결정했다. 잘못한 것도 없는데 이대로 불려들어가 조사를 받게 되면 '죄인'으로 몰려 군검사의 모멸적인 질문 앞에서 박 단장 가슴에 멍만 들 수 있다는 판단이었다.

민간 검찰도 아닌 국방부 검찰단이었다. 피의자는 제복 입은 군인이었다. 군 사법구조상 정권에 맞선 피의자는 아무리 공익적 명분을 갖고 있더라도 궁지에 몰리기 십상이다. '권력의 칼' 앞에 잘못도 없이 고개를 숙이는 일은 스스로 목을 내놓는 행위나 다름없다. '정직'이라는 해병대의 대의명분을 떠올리며 이것은 전쟁이고 상대가 상상할 수 없는 카드로 대응해야 한다고 다짐했다. 한발 더 나아가 박 단장 측은 국민들에게 수사 거부 이유를 직접 밝히기로 결정했다.

수사 거부를 선언한 8월 11일, 박 단장은 언론 앞에 섰다. 군 검찰에 선수를 치자는 전략이었다. 마침 KBS에서 인터뷰가 가능하다고 연락이 왔다. 박 단장과 변호인단은 방송국 앞에서 몰래 만났다. 전화벨이 울려도 무시했다. 어떻게 알았는지 박 단장의 어머니가 경북 포항에서 전화를 했다. 어머니는 아침에 있을 수사 거부 설명 기자회견은 이해하는데 KBS 인터뷰까지 나가면 안 된다고 극구 말렸다. "제발 이것만은 하지 말아달라"며 아들에게 통사정했다. 박 단장은 고민했다. 어머니에게는 미안하지만 흔들리면 안 된다고 마음을 다잡았다. 운명과 마주해 지금 바로 앞의 삶에 최선을 다하는 것이 중요하다고 판단했다.

박 단장은 인터뷰가 꼭 필요한 이유를 변호인에게 물었다. 첫째는 수사 거부를 하는 언론브리핑만으론 국민들이 진상을 알기 어렵다는 것이었다. 그것은 일종의 '퍼포먼스'에 불과한 것이라, 국민들에게 집단항명 사건의 진상이 무엇인지 직접 설명해야 한다는 논리였다. 둘째는 수사 거부만으로 멈추면 군검찰이 군인 신분인 박 단장을 얕볼 수 있다는 주장이었다. 그러지 않아도 신원식 당시 국민의힘 의원은 "해병대 수사단이 사단장 등 8명을 굴비 엮듯이 엮었다"고 모욕을 주었고, 국방부와 군검찰도 '정치군인'이라고 비난 수위를 높였다. 마지막으로 변호인은 생방송으로 직접 설명할 수 있는 기회가 아무한테나 주어지는 것이 아니므로 힘들어도 즐겨보자고 격려했다.

인터뷰의 메시지는 정곡을 찔렀다. "제가 그 이첩 보류 명령을 수명했다면 아마도 해병대는 수사 서류를 조작하고 왜곡하는 부정직한 집단이 되었을 것입니다. 지금까지 군 생활하면서 해병대에서 충성과 정직함을 최우선으로 합니다. 특히 저는 군사경찰 병과장입니다. 제 방에는 '공명정대'라는 글귀가 있는데 항상 정정당당하고 공명정대하게 업무를 처리하는 게 제 신념입니다."

반향도 컸다. 박 단장에 대한 해병대 전우들의 지지가 잇따랐고 항명 사건은 국민적 관심 사안으로 각인됐다. 인터뷰가 끝난 직후 어머니가 뜻밖의 격려 전화를 해왔다. "그 변호인단과 함께 끝까지 가라"는 엄명이었다.

중앙지역군사법원에서 9월 1일 박 단장에 대한 영장실질심사가 열렸다. 김정민 변호사는 영장 판사 앞에서 책상을 내려치면서 국방부의 이첩 보류 지시의 불법성과 군검찰 조사의 왜곡을 지적했다. "설마 대통령 개입이 없었다고 단정하는 건 아니냐"며 군검찰은 국민에게 눈높이를 맞추고 이 사건을 마주하라고 호통쳤다.

군검찰 여러분들이 무슨 생각을 하고 있는지 다 알고 있습니다. 우리가 수사를 거부하고 했을 때 '정치적 의도'를 갖고 있다고 오해할 수도 있습니다. 그런데 수사 거부를 하는 본질적 이유가 무엇인지 아십니까. 여러분들이 야비한 논리성으로 수사를 왜곡하고 장난질하면 수사를 받는 사람은 무력감에 빠지고 잘못하면 삶의 다른 것을 선택하기도 합니다. 여러분은 '오더'에 따라 철저히 그것을 수행하는 입장이겠지만 당하는 사람은 굉장히 모욕적이고, 절망감을 갖게 만들고 나는 이런 것 많이 봐왔습니다. 그래서 내가 말린 것입니다. 무고한 사람을 보호하기 위해서입니다.

무력감에 빠져선 안 되었다. 군검찰과 대등하게 싸워야 한다는 것이 변호인 전략이었다. 박정훈 해병대 수사단장이 가진 제복군인의 '명예'가 존엄을 잃게 하면 안 된다. 그 명예가 무너지면 재판은 물론이고 생명마저 위태로울 수 있다는 절박감이었다. 영장실질심사가 끝났다. 구속영장이 기각됐다. 군사법원의 예상치 못한 기각이었다. 박 단장은 김 변호사에게 "십년 묵은 체증이 내려갔다"며 모처럼 함박웃음을 터트렸다.

　군사법원 영장 기각 후, 국방부는 충격을 받았다. 국방부 주변에서 '해병대 순직사고 조사 관련 논란에 대한 진실'이라는 괴문서가 나돌았다. 12페이지에 이르는 이 괴문서를 작성한 사람은 국방부 검찰단이나 법무관리관실 내부 핵심 관계자로 추정된다. 괴문서는 영장 기각의 의미를 애써 폄하하고 있다.[7]

7　군검찰의 구속영장이 기각되자 나타난 이 괴문서는 해병대 수사단 조사 결과의 문제점과 이첩 보류 지시의 정당성, 수사 개입 주장의 허구성, 국방부 조사본부 재조사의 정당성 등 군검찰을 옹호하는 내용이 상세하게 기록되어 있다. 작성자는 국방부 검찰단과 밀접한 관련이 있는 육사 출신 핵심 인사라는 설이 전해진다. 이종섭 장관은 국방부 검찰단의 이첩 기록 회수를 사후에 보고받았다고 말했다. 대통령 공직기강비서관실 인사가 이첩 기록 회수에 관여된 사실이 밝혀지면서 대통령 공직기강비서관실과 국방부 검찰단의 유착 의혹이 사건의 또 다른 한 축으로 강력히 제기되고 있다.

군판사는 피의자의 주거가 일정하고 수사진행 경과, 피의자가 향후 군 수사절차 내에서 성실히 소명하겠다고 다짐하는 점, 방어권을 보장할 필요가 있다는 점 등을 고려하면 현 단계에서는 구속의 사유와 필요성을 인정하기 어렵다는 이유로 구속영장 청구를 기각했습니다. 다만 군판사는 피의자의 다짐을 보고 구속의 사유까지는 인정되기 어렵다고 판단한 것이지 그의 항명행위가 정당하다고 판단한 것은 아닙니다. 오히려 영장 기각사유에 통상적으로 포함되는 '범죄 소명이 부족하다'는 기재가 없는 점 등을 고려 시 군판사는 범죄의 소명은 이뤄졌다고 판단한 것으로 볼 수 있습니다.(괴문서 내용 중 일부)

8

아무도 예상치 못한
영장 기각

군검찰이 구속영장을 청구하기 전인 8월 28일, 군검찰은 박정
훈 단장을 두 번째로 소환했다. 8월 3일 첫 조사엔 변호사가 없
었고, 이번 조사엔 변호인이 동석했다. 박 단장은 수사 전략을
바꿨다. 이번에는 수사 거부는 하지 않고 진술 거부권을 적극
행사하기로 작정했다. 상당히 긴 분량의 진술서도 따로 준비했
다. 변호인은 군검사에게 사실에 대해선 협조해주겠다고 했다.
그리고 추가로 사전 면담을 요청했다.

검사는 "조사면 됐지 면담은 부적절하다"고 거절했다. 박
단장 측은 김계환 사령관을 조사할 때는 3시간 넘게 사전 면담
을 했는데 왜 박 단장은 해주지 않는 거냐고 불만을 제기했다.
사전 면담을 허락하지 않으면 "진술 거부권을 행사할 수밖에
없다. 조사를 여기서 끝내겠다"고 전했다. 군검사는 아랑곳하
지 않고 "절차니까 조사를 진행해야 한다"며 피의자의 권리 등
을 고지했다. 재차 요청했으나 검사는 끝내 수용하지 않으려는
기색이었다.

변호인은 "지금 진술 영상녹화가 돌아가고 있는 건가요?"라고 묻고 "검사님! 이 사건의 배후가 누군지 알고 있습니까"라고도 물었다. 그리고 박 단장과 변호인 간의 통화 녹음을 켰다. 7월 31일 월요일 안보실 수석비서관 회의에서 대통령이 '쾅쾅쾅' 하며 격노했다고 박단장이 말한 내용이 담긴 녹취 대화록이었다. 군검사는 깜짝 놀란 것 같았다. "지금 뭐 하시는 겁니까. 이건 부적절합니다"라고 목소리를 높였다. 박 단장 측은 "그러면 여기서 조사를 종결하자"고 했다. 그리고 준비해 온 진술서를 내밀었다. 검사는 조사를 못했으므로 진술서도 받지 않겠다고 거부했다. 결국 이 진술서는 조사실을 나오면서 군검사 대신 군검찰단 민원창구에 제출됐다.

박 단장의 항명죄에서 '대통령의 개입'은 핵심 사안이다. 군검찰 논리대로 '장관의 이첩 보류 명령을 거부했다'고 인정하더라도 수사에 결함이 있지 않는 한 장관 지시는 군 경찰의 수사 독립 권한과 정면으로 배치된다.[8] 대통령의 개입이 사실로 확인되면 장관 지시의 목적은 '불순한 사실'이 된다. 대통령의 하명을 그대로 내리꽂는 것이 되기 때문이다.

군검찰은 민간 경찰에서 수사해야 하는 '3대 이첩 범죄'에 대해서도 국방부 장관이 부대 지휘관을 통해 '수사 지휘권'을

---

8 군사경찰의 직무수행에 관한 법률 시행령 제7조는 군사경찰이 설치돼 있는 부대의 장은 수사의 공정성을 확보하기 위해 군사경찰이 법 제5조제1항제3호에 직무를 수행할 때 독립성을 보장해야 한다고 규정하고 있다. 제5조제1항제3호는 범죄의 정보수집, 예방, 제지 및 수사를 말한다.

행사할 수 있다고 주장한다.[9] 그렇다면 '군사경찰의 직무수행에 관한 법률시행령'에 있는 '수사 독립성' 조항은 어떻게 하겠다는 것인가. 백 번 양보해서 지휘권은 있고 군사경찰 독립성 보장은 없다고 치자. 그러면 '왜 지휘를 했는가'라는 물음엔 무엇이라고 대답할 건가. 그냥 8명을 한꺼번에 과실치사 혐의로 굴비 엮듯 하는 게 마음에 안 들어 수사 지휘권을 행사했다는 얘기밖에 되지 않는다. 아니면 적법한 입건 범위를 컨트롤하려 했다고 하든가. 왕조시대에나 통할 논리다. 대통령 개입이 확인되는 순간, 장관의 수사 지휘는 명백한 불법이 된다. 군검찰도 이를 모를 리 없다.

검찰의 최고위 출신인 한 법률가는 군사법원의 영장 기각을 보고 이렇게 평했다.

해병대 사건의 클라이맥스는 영장 청구와 영장 기각입니다. 물론 이첩 보류 명령도 있고 기록 회수도 있지만 법률가 시각에서 봤을 때 이 사건의 분수령은 구속영장 기각 결정이 난 9월 1일입니다. 왜냐하면 군사법원은 국방부 장관의 지휘를 받는 기관입니다. 군판사가 영

9 군사경찰의 직무수행에 관한 법률 제5조제1항에서는 군사경찰은 군사경찰부대가 설치돼 있는 부대의 장의 지휘·감독 하에 다음 각 호의 직무를 수행한다고 규정한다. 또 제8항제2호는 국방부장관은 군사경찰 직무의 최고지휘자, 감독자로서 군사경찰에 관한 정책을 총괄하기 위해 국방부 소속으로 조사본부를 둔다고 규정한다. 제8항제4호는 군사경찰부대가 설치돼 있는 부대의 장은 소관 군사경찰 직무를 관장하고 소속 군사경찰을 지휘·감독한다고 규정한다.

장을 기각했다고 하는 것은 중대한 사건입니다. 재판이 남아 있지만 항명 사건에 대한 1차 판단이 끝난 겁니다.

영장 기각이 가져온 반전은 정직을 위해 끝까지 싸우겠다는 박 단장의 결심을 강화시켰다. 8월 2일 보직 해임에 이어 군검찰의 압수수색과 조사, 수사 거부 및 언론 인터뷰까지 대령은 죽을 각오로 싸웠다. 명예를 회복하지 않고는 물러설 수 없었다. 그러나 한편으론 28년간의 군 생활에 종지부를 찍고 싶은 마음도 굴뚝같았다.[10]

'격노'가 '정의와 진실'을 압도하던 상황에서 이 영장 기각은 전세를 역전시켜주었다. 군검찰의 기세를 꺾어놓았고, 얼마나 갈지 모르는 지리한 싸움이겠지만 결국 '진실'은 승리할 것이라는 희망을 주었다. 박 단장은 영장 기각 이후 군검찰 조사에 적극적으로 대응하기로 결정했다.

9월 5일에 열린 3회 조사에서 군검사는 박 단장에게 "(그간 조사에 비협조적이더니) 앞으로 조사에 성실히 임하기로 했는가?"라고 물었다. 박 단장은 이렇게 답했다. "1회 진술에는 내

---

10 박정훈 대령은 2024년 1월 17일, '고대민주동우상' 수상자로 선정된 자리에서 다음과 같이 소감을 밝혔다. "이번 일이 생기고 부하들도 제 자신도 지금도 많은 고초를 겪고 있습니다. 저는 '너희들의 선택과 행위가 정당하고 옳았다. 결코 우리는 잘못된 길을 가고 있지 않다'라는 위로의 말을 부하들에게 전해주고 싶습니다. 제 자신한테도 '올바른 선택을 했으니까, 절대로 뒤를 돌아보지 말고, 흔들리지 말고, 두려워하지도 말고, 외로워하지도 말고 앞으로 나아가라! 정말 박정훈 대령! 자랑스럽다!'고 위안을 건네고 싶습니다."

가 받고 있는 혐의가 무엇인지도 모르는 상황에서 상황 파악도 안 되었고 혐의가 뭔지도 몰랐습니다. 그 이후 제가 받아들이기 힘든 집단항명의 수괴라는 죄명의 원인을 보니 개인이 감당하기 힘든 부분이었습니다. 국가적으로 정의와 부정의의 문제라고 생각했고, 국민들이 관심을 갖도록 해야 한다고 해서 검찰단 수사를 거부했습니다. 언론에도 알렸습니다. 마지막 퍼즐이라고 할 수 있는 대통령 부분도 언급이 나와서 충분히 할 말을 했고 국민들도 다 아는 상황이 됐습니다. 현역 군인 신분으로 제도권 내에서 비록 공정하지 못한 부분이 없지 않더라도 절차에 맞게 진행하는 것이 맞다고 생각해 출석하여 진술하는 것입니다."

9

집단항명수괴라는
무리수

군형법은 일반 형법과 달리 죄목이 단순하다. 군형법 제8장 '항
명의 죄'를 보면 제44조 항명, 제45조 집단항명, 제46조 상관의
제지 불복종, 제47조 명령위반 등의 단 네 가지로 구성하고 있
다. 상명하복 집단에서 불가피한 점이 있겠으나, 군검찰단이
채 상병 사건을 경찰로부터 가로채는 과정에서 왜 하필이면 집
단항명수괴 혐의를 동원했는지 의문이 크다.

　군검찰 주장처럼 국방부 장관의 명령이 단순한 '이첩 보류
지시'이고, 그것을 수사단이 어겼다고 인정해보자. 장관 명령
은 말 그대로 "이첩을 보류시키라"는 단순 지시다. 수사 과정과
내용에서 조금의 불법이나 의문도 제기되지 않은 상태인데, 박
정훈 단장과 수사단 2명을 포함한 3명에게 집단항명의 수괴 혐
의를 씌울 만큼의 중대범죄인가싶다. 단순히 이첩을 보류하는
것이 목적이었다면 '징계'에 불과한 사안이다. 그런데 국방부
가 부정 청탁을 해놓고 그 청탁 명령을 어겼다고 항명이라 규
정한 것은 언어도단이요, 닭 잡는데 소 잡는 칼을 쓴 격이다.

군검찰단이 이런 무리수를 동원한 이유가 있지 않을까. 경북경찰청에 사건 이첩이 이뤄지고 박 단장에 대한 보직 해임 문제가 오락가락할 즈음, 군검찰단장은 8월 2일 수요일 오후 2시 40분경 긴급 회의를 열었다. 이미 30분 전인 1시 50분에는 유재은 법무관리관이 경북경찰청 수사부장에게 연락을 했다. 대통령 공직기강비서관실에서 다리를 놔줬다. 해병대 수사단이 이첩한 서류를 돌려달라고 부탁하는 통화였다. 법무관리관이 반환 요구를 한 것도 직무 권한을 넘어선 것이지만, 연결 과정 자체가 이첩이라는 소송 행위를 무력화시키는 불법적 행위이다.

경찰도 "예, 알겠습니다"라고 무턱대고 넘겨줄 수 있는 사안이 아니었다. 대통령실과 국방부의 전방위적 로비에 경북경찰청은 화들짝 놀랐을 것이다. 수사부장 주재로 1시간 가까이 자체 회의를 열었고, 그 결과를 청장에게 틀림없이 보고했을 것이다. 이는 공수처의 중점 수사 영역이니 차차 이첩 기록 불법 회수의 진상이 드러날 것으로 기대한다.

반환은 법무관리관 통화에서 즉시 해결되지 않았다. 이때 주포로 등장한 곳이 국방부 검찰단이었다. 그들의 결정은 속전속결이었다. 군검찰은 회의를 종료하자마자 오후 3시경 경북경찰청에 직접 연락해 기록을 회수하러 가겠다고 통보했다. 군검찰단 수사관이 안동에 있는 경북경찰청으로 급파됐다. 검찰단 수사관 이 모 중사는 "군검찰단에서 수사 중인 항명 사건"이라고 설명하고 "이첩 보류 지시를 어겨서 이첩된 수사 기록을 회수하러 왔다"고 통보했다. '항명 사건'이라는 용어가 여기서 처음 등장한다. 유 법무관리관도 "검찰단에서 항명 사건의 증거로 사건을 인계받았다는 보고를 받았다"고 말했다. 두 진술은 군검찰단의 최우선 조치가 이첩 기록 회수였음을 입증한다.

그러나 최우선 조치가 박 단장에 대한 '수사'가 아니고 수사 기록 회수였다는 사실은 아주 이례적이다. 장관의 이첩 보류 지시 위반이 '항명'이라면 박 단장의 입건이 최우선이다. 장관의 명령을 거역한 것은 '사람'이지 '기록'이 아니다. 이는 이첩 기록 회수가 군검찰에게 떨어진 절대적 명령이었음을 반증한다. 임성근 1사단장을 업무상과실치사 혐의에서 제외시키고 경찰에 다시 이첩하는 것이 지상 과제였던 셈이다. 해외에 있는 장관은 이 사실을 알지도 못했다. 귀국해 사후 보고를 받았다. 그 사이 ①대통령 안보실, 공직기강비서관실(대통령실) ②국방부 차관, 법무관리관, 검찰단장(국방부) ③경북경찰청(경찰)으로 이어지는 삼각 편대가 주도면밀하고 맹렬하게 움직였다.

군검찰이 경찰에 이첩한 기록을 회수할 방법은 없다. 딱 한 가지 방법은 해병대 수사단이 직접 이첩 기록 반환을 요구하는 것이다. 그러나 수사단은 장관 지시를 부정한 청탁으로 보고 이첩을 강행했다. 회수에 동의할 리가 없다. 그러다보니 대통령실과 국방부가 기록을 회수 할 방법은 '무력시위'였을 것이다. 합법적 방법으로는 가능하지 않았다. 군검찰의 직접 수사라는 무력 말고는 대안이 없다. 집단항명의 수괴라는 무시무시한 범죄 혐의가 필요했던 배경이 아닌가 생각된다.

경찰도 사건 기록 이첩의 주체가 '해병대 수사단의 제1광수 대장'이라는 것을 분명히 알고 있으니, 법적으로 이첩이 완료된 수사 기록을 돌려줄 사유를 찾기 어려웠을 것이다. 어쨌든 군검찰단의 집단항명수괴죄가 적중했는지 경찰은 그날 저녁 사건 기록을 군검찰 수사관에게 몽땅 내주었다. 사본만 돌려줘도 충분할 텐데, 굳이 원본까지 돌려줬다. 사건 기록 회수에 대한 법적 논란이 제기되자 경찰은 "사건 접수가 이뤄지지 않은 상태라 군검찰에게 반환했다"고 해명했다. 수사단이 직접 찾아가 "외압이 심하다. 사건 처리를 잘 부탁한다"고 신신당부했었다는 이야기는 꺼내지도 않았다. 경찰 행태를 보면 한 몸에 머리를 두 개 가진 상상 속의 새를 떠올리게 한다.

법무관리관과 군검찰단은 항명 사건의 증거로 이첩 서류를 회수했다고 주장하나, 군검찰은 회수 서류를 '항명의 증거'로 활용하지도 않았다. 이첩 수사 기록은 집단항명의 수괴 혐의 증거와 아무 상관이 없다. 혐의를 이첩 서류 강제 회수를 위한 '엄포용'으로 활용했을 뿐이다. 집단항명수괴 혐의 앞에서 경찰은 '고양이 앞에 쥐' 같은 신세가 됐다. 압수수색 영장이 필요하지도 않았다. 군검찰단은 다음날인 3일에야 박 단장에 대해 압수수색을 했다.

결론적으로 이첩 기록을 이런 무리수를 동원해 회수해야 했던 이유는 한 가지밖에 없다. 대통령이 사단장 처벌에 반대했는데, 수사단이 장관 지시를 따르지 않으니 대통령 뜻에 맞춰야 하는 대통령실과 국방부가 안달이 났던 셈이다. 그들의 목적은 대통령의 격노에 따라 사건을 원상 복구하는 것뿐이었지 않았을까. 그러지 않고서야 이첩 기록을 '최우선 조치'로 회수한 이유를 알기 어렵다. 경북경찰청이 보유한 이첩 서류가 공중으로 갑자기 날아가거나 사라질 문건도 아니다. '항명 사건의 증거'로 사용해야 한다면 사실 조회를 통해 이첩 기록 목록을 받아봐도 충분했다.

8. 2.(수)	06:45	박정훈 단장이 수도군단 부군단장에게 "수사 외압이 큽니다"라는 문자 전송
	07:20	박 단장이 제1광역수사대장에게 이첩을 위해 경북경찰청으로 출발하라고 지시
	10:00	사령관에게 이첩 보고(김계환 해병대 사령관이 "알았다"고 승인함)
	10:30	경북경찰청에 사건 기록 이첩
	10:51	김 사령관이 박 단장에게 전화 "이첩 중단하라, 멈춰!"
	11:13	김 사령관이 국방부 장관에 이첩 보고
	11:50	경북경찰청 담당자가 이첩 기록 수신 완료
	12:07	윤석열 대통령이 개인 휴대폰으로 이종섭 장관과 첫 번째 전화
	12:43	윤석열 대통령과 이종섭 장관 두 번째 전화
	12:45	김 사령관이 박 단장 호출 후 "지금부터 보직 해임이다. 많이 힘들 거다"
	12:50	임종득 안보실 2차장이 김 사령관에게 전화
	12:51	안보실 파견 김형래 대령이 사령관 비서실장에게 전화
	12:57	윤석열 대통령과 이종섭 장관 세 번째 전화
	13:15	해병대 참모장이 사령관에게 건의하여 박 단장에 대한 보직 해임을 보류시킴
	13:50	유재은 법무관리관이 경북경찰청 수사부장에게 전화
	14:40	김동혁 국방부 검찰단장 기록 인수 관련 회의 및 지시
	15:00	김 사령관이 인사처장에게 수사단장 보직 해임 지시
	16:00	임종득 안보실 2차장이 김 사령관에게 다급하게 전화
	17:00	국방부 검찰단, 해병대사령부에서 김 사령관 3시간 동안 조사(집단항명이라고 설명)
	19:20	국방부 검찰단, 경북경찰청에서 사건 이첩 기록 강제

회수

	20:15	해병대 수사단 수사관과 경북경찰청 팀장 간 전화
	21:48	김 사령관이 해병대 수사단 중수대장에게 전화("우리는 진실되게 했으니 걱정할 건 없어")
8. 3.(목)	11:09	수사관과 경북경찰청 팀장 2차 통화
	14:10	국방부 검찰단, 박 단장 및 해병대 수사단 압수수색
	19:29	국방부 검찰단, 박 단장 1차 피의자신문
8. 4.(금)		국방부에서 기자들에게 "특정인을 제외하라는 취지의 지시를 한 사실이 없다"고 문자 전송
8. 7.(월)		아시아투데이에서 대통령실 개입 의혹 최초 보도
8. 13.(일)		검찰단, '집단항명수괴'에서 '항명'으로 혐의 변경
8. 14.(월)		국방부 조사본부, 국방부 장관에게 재검토 중간 결과 보고서 제출
8. 15.(화)		국방부 검찰단과 법무관리실, 조사본부에 보고서 검토 의견 회신
8. 17.(목)		국방부 장관 주재 '5인 회의'
8. 21.(월)		국방부 조사본부, 국방부 장관에게 재검토 결과 보고 (해병대 1사단장과 7여단장 등 혐의자에서 제외시킴)
8. 31.(목)		국방부 검찰단, 박 단장에 대해 항명 혐의로 구속영장 청구
9. 1.(금)		구속영장실질심사에서 영장 기각

4부

남겨진 미스터리

1

용산 핫라인

일요일이었던 2024년 3월 10일. 인천공항 귀빈실 앞은 야당 의원들과 유튜버들로 시끌벅적했다. 모두들 호주 대사로 임명된 이종섭 국방부 장관의 극적인 서울 탈출과 호주 출국을 저지하겠다며 모여 있었다. 그러나 이 장관은 귀빈실에 나타나지 않았다. 그날 저녁 출국장에서 MBC 기자가 그를 쫓았다. 취재진을 만난 이 장관은 어리둥절하고 난감한 표정을 지으며 기자에게 말했다. "왜 이렇게까지 해야 돼?" 그 질문은 오히려 국민들이 윤석열 대통령과 이종섭 장관에게 하고 싶은 물음이다.

해병대 수사단이 경북경찰청에 이첩한 채 상병 사건 수사 기록을 회수한 국방부 검찰단은 박정훈 단장을 집단항명수괴로 입건해 조사했다. 이종섭 장관은 이첩 사건 기록을 회수하고 일주일 뒤인 8월 9일, 국방부의 최고 경찰조직인 국방부 조사본부를 통해 사건 재검토를 지시했다. 국방부는 기존 기록을 재검토 하라고만 명령했다. 새로운 팩트를 발굴하는 추가 조사를 하지 말라는 얘기였다. 즉 임성근 해병대 1사단장 등 사건 관계자에 대해 현재 자료에서만 판단하고 따로 불러 조사는 하지 말라는 것이다. 이런 상부 지시를 들은 조사본부 관계자들은 재검토에 대해 부정적 입장을 밝혔다. 신범철 국방부 차관은 "장관이 명령하면 재검토할 수 있냐"고 물었고, 조사본부 관계자들은 "명령은 따를 수밖에 없다"고 답했다.

8월 21일, 조사본부는 재검토 결과 임성근 1사단장 등 8명을 업무상과실치사 혐의자로 특정한 해병대 수사단의 판단을 뒤집고 대대장급 지휘관 2명만 특정해 민간 경찰에 사건을 넘기기로 결정했다. 임성근 1사단장과 7여단장은 혐의자에서 완전히 빠졌다. 해병대 수사단에 가했던 외압의 결과를 결국 국방부 조사본부 재검토를 통해 달성한 셈이었다. 조사본부는 임 사단장에 대해 "문제가 식별됐으나 일부 진술이 상반되는 등 현재 기록만으로 혐의를 특정하기 어렵다"고 밝혔다.

그러나 국방부 조사본부의 재검토 과정에서도 이 장관을 포함한 지휘부가 '외압'을 가했고 조작이 이뤄졌다는 정황이 드러나 공수처가 수사하고 있다. 조사본부 내에 설치된 재검토 TF는 재검토 결과를 발표하기 일주일 전인 8월 14일, 현장의 여군을 제외한 임성근 1사단장과 7여단장, 채 상병이 속한 부대의 대대장 등 6명을 무조건 경찰에 이첩하겠다는 내부 결론을 내렸다. 이 결과를 이종섭 장관에게도 대면 보고를 했는지는 확인되지 않으나, 재검토 TF는 그날 '재검토 결과 법리 판단'이라는 문건을 첨부해 국방부 검찰단과 법무관리실에 각각 의견을 구했다.

국방부 검찰단과 법무관리실은 기다렸다는 듯이 다음 날인

15일 검토 의견을 회신했다. 우연의 일치인지, 두 조직 간 협의의 결과인지 알 수 없지만 회신 내용도 똑같았다. 대대장 2명은 그들의 과실과 채 상병의 사망 사이에 인과관계가 성립하므로 이첩 의견에 동의하지만, 임 사단장과 여단장은 제외시키라는 것이었다. 나머지 4명은 인과관계가 분명치 않으므로 처분하지 말고 그냥 사실만 적시해 경찰에 보내라고 했다.[1]

그런데 이틀 뒤인 8월 17일, 이종섭 장관은 이른바 '5인 회의'라는 것을 갑자기 소집했다. 이 회의는 이종섭 장관과 유재은 법무관리관, 김동혁 검찰단장 그리고 박경훈 조사본부장 직무대리, 조사본부 수사단장 등이 참석한 회의였는데, 이날 처음으로 소집된 비공식 회의였다. 왜 '5인 회의'가 필요했을까. 인원 구성으로 보면 조사본부가 검찰단과 법무관리관실의 협공에 몰리는 모양새다. 이 회의는 조사본부가 며칠이 지나도록 검찰단과 법무관리실의 의견을 수용하지 않고 버티자, 그들의 의견을 관철시키려고 장관이 소집한 것으로 추정된다. 장관은 이 회의에서 임 사단장 등을 빼고 대대장급 2명만 경찰에 이첩하는 것으로 최종 결론을 지었다.

그런데 문제는 조사본부 재검토 TF가 '5인 회의' 결과에 대해 아무것도 알지 못하는 깜깜이 상태였다는 것이다. 재검토

---

1   유재은 법무관리관은 2023년 7월 31일 해병대에서 국방부 조사본부로 사건 이첩을 건의했을 때는 "경찰에 선입견을 주지 않기 위해 혐의자를 제외시키고 사실 관계만 적어 보내는 방법이 있다"는 의견을 밝혔다. 그런데 장관 지시로 이뤄진 8월 15일 국방부 조사본부의 재검토에서는 사단장과 여단장 등을 빼고 대대장 2명은 혐의자로 특정해 보내라는 의견서를 보냈다.

TF의 팀원 15명은 '5인 회의'에서 재검토 결과가 뒤바뀌는 일이 발생한 것을 몰랐을 뿐만 아니라 박경훈 조사본부장 직무대리에게 그 사실을 전달받지도 않았다는 것이다.

나중에 알려진 사실이지만 재검토 TF는 임성근 사단장의 업무상과실치사 책임에서 해병대 수사단 수사 결과 외에 두 개의 법리 판단을 더 추가했던 것으로 알려졌다. 먼저 지휘권도 없는 임 사단장이 작전 지역에서 지휘를 했다는 것을 적시했고, 또 부하들의 지형 정찰을 방해했다는 혐의도 추가했다. 조사본부의 재검토에서 범죄 혐의가 더 추가됐음에도 임 사단장을 이첩 대상자에서 제외시킨 것은 '마사지' 차원을 넘는 수사 왜곡 행위에 해당할 수 있다. 공수처가 박경훈 조사본부장 직무대리를 직권남용 혐의로 소환 조사한 배경이다.

국방부 조사본부의 수사 조작 혐의는 앞서 언급했던 김관진 전 국방부 장관의 국군사이버사 댓글공작 축소·은폐 수사와 판박이처럼 닮았다. 당시엔 청와대 지시에 따라 축소·은폐가 이뤄졌는데 이번에 이종섭 장관이 그렇게 몰리고 말았다.

채 상병 사건에서 떠나지 않는 의문들이 있다. 가장 큰 의문은 현 정부가 채 상병 사건을 왜 이렇게 극단적으로 몰고갔는가에 대한 것이다. 또한 사건 곳곳에서 검사 출신과 국방부 검찰단의 대활약이 돋보인다는 점이다. 이들은 왜 이렇게 열심이었을까. 사건 초기 대통령실 핵심 참모인 이시원 비서관이 이끄는 공직기강비서관실, 김동혁 단장이 이끄는 국방부 검찰단은 모습을 드러내지 않았다. 용산의 검사와 군검찰의 활약은 매우 이례적이고 지휘 권한의 선을 넘어선다. 이들을 '용산 핫라인'이라고 부르고 싶지만 구체적으로 어떤 연결 관계를 갖고 있는지는 추적이 더 필요하다.

이종섭 장관의 역할도 미스터리다. 그는 해병대 사건의 핵심 피의자이고 실질적 지휘 권한을 가진 인물이다. 그러나 시간이 지나면서 드러나는 사실들은 그가 정말 모든 상황을 통제·관리할 수 있었는지에 대해 의문을 갖게 만든다. 이 장관은 국방부 검찰단이 경북경찰청에서 사건 기록을 강제 회수한 사실을 해외 출장에서 돌아온 뒤에야 사후보고로 알게 되었다. 8월 2일 김계환 사령관에 대한 항명 사건 참고인 조사 또한 사후보고 받았을 개연성이 높다.

해외 출장 중이어서 보고가 순조롭지 않았다고 변명할지 모르겠다. 하지만 군검찰단은 사실상 장관의 지시 없이 움직였다고 봐도 무방하다. 그렇다보니 이번 사건에서 김동혁 국방부 검찰단장의 대활약을 눈여겨보지 않을 수 없다. 특히 장관도 모르게 그를 움직인 인물은 대체 누구일까.

항명 사건 조사를 지시한 사람이 따로 있다면 그는 누구일까. 용산의 대통령 공직기강비서관실과 국방부 검찰단의 관계에 이목이 쏠리는 이유이다. 용산의 검찰과 국방부의 검찰들, 이종섭 장관의 말대로 **왜 이렇게까지 해야 됐을까?**

2

이첩 보류 명령의 허와 실

한 가지 짚어볼 점이 있다. 이첩 보류 명령은 존재했을까. 박정
훈 단장은 이첩 보류 명령이 존재하지 않는다고 주장한다.[2] 사
령관이 "이첩을 중단해"라고 했으면 23년 7월 31일 월요일부터
무엇 때문에 2박 3일간 국방부와 밀고 당기기를 하며 사령관과
함께 고민을 했겠느냐는 것이다. 또 하나의 주장은 단순하게
이첩만 보류하라고 명령했으면 무조건 명령을 수명했을 것이
라는 내용이다. 문제는 이첩 보류 지시의 뒷면에 "혐의자와 혐
의 사실을 빼라"는 지시가 동전의 양면처럼 붙어 있다는 점이
다. 이 때문에 이첩 보류 지시는 국방부의 프레임에 불과할 뿐

2 해병대는 사령관님의 명령을 목숨처럼 수명하는 것이 해병대의 전통입니
다. 수사단장은 비해사 출신으로 군사경찰 최고 계급인 대령과 병과장이 되었
는데 이렇게 될 수 있었던 것은 상관의 명령에 충성하는 모습이 있었기 때문입
니다. 단연코 사령관께서는 국방부의 지시가 부당하다는 것을 인식하시고 고
민하셨습니다. 또한 이첩 보류가 본질적으로 혐의자 및 혐의 내용을 빼라 등 수
사를 축소, 왜곡하라는 의미임을 인식하시고 있었으므로 지속적으로 고민하고
있었을 뿐입니다. 보류 지시가 명확하게 있었냐와 상관없이 이첩 보류 지시를
내린 사실이 없습니다. 만약 사령관께서 이첩 보류하라고 명령을 하셨으면 그
에 따랐을 겁니다.(변호인의 의견서. 2023년 9월 5일)

본질은 국방부의 수사 왜곡 지시라는 것이다.

이에 반해 군검찰은 공소장에서 박 단장에 대한 항명죄를 다음 두 가지로 정리했다.

① 기록 이첩 보류 명령에 대한 항명

피고인(박정훈)은 2023년 7월 31일 16시경, 상관인 해병대 사령관 김계환으로부터 '장관님이 귀국할 때까지 이첩을 보류하라'는 정당한 명령을 받았고, 그때부터 2023.8.1.20:40경까지 사이에 위와 같은 명령을 수차례 받았다.

그럼에도 불구하고 피고인은 국방부 장관이 귀국하기 전인 2023.8.2.07:20경 해병대 수사단 중수대장 박세진에게 "1광수대장에게 기록 보내는 것을 출발시켜라, 내가 책임질 부분이 있으면 책임진다"고 지시했다.

이에 중수대장은 같은 날 07:49경 제1광수대장에게 전화해 "단장님이 준비되었으면 인계하라고 하셨다"고 피고인의 지시사항을 전하였고, 제1광수대장은 이에 따라 같은 날 경북 안동시에 있는 경북경찰청에 위 조사기록을 전달하였다.

② 기록 이첩중단 명령에 대한 항명

피고인은 2023.8.2.10:51경 상관인 해병대 사령관으로부터 전화를 받아 "당장 인계를 멈춰!"라는 명령을 받았다.

그럼에도 불구하고 피고인은 "이미 인계 중입니다. 죄송합니다"라는 답변만 한 채 기록 이첩중단에 필요한 조치를 하지 않아, 결국 제1광수대장이 같은 수사대 수사관과 함께 같은 날 11:56경까지 위 조사 기록을 경북경찰청에 전달하도록 하였다.

지난 2024년 2월 1일 중앙지역군사법원에서 열린 항명 사건 재판에 김계환 사령관이 증인으로 출석했다. 재판부는 군검찰이 공소 제기한 이첩 보류 지시와 이첩 중단 명령의 존재 유무를 놓고 증인을 상대로 추궁했다.

> **재판장** 증인은 피고인 박정훈에게 어떤 식으로 명령하나요? 워딩을 정확히 말해 보세요.
>
> **김계환** 계획돼 있는 것 다 취소하라고 했습니다.
>
> **재판장** 피고인에게 평상시에 어떻게 명령합니까? 보류해! 일단 멈춤! 이렇게 합니까?
>
> **김계환** 피고인에게만 그렇게 말하지 않고 회의에서 전달했습니다. 다른 참모들도 다 있는 가운데 장관 지시를 이행하라고 지시했습니다.

국방부에서 거절당하긴 했지만, 김 사령관은 오히려 박 단장의 조언에 따라 사건을 국방부 조사본부로 이관해 처리해달라고 장관에게 요구했다. 장관이 이첩 보류 지시를 명시적으로 내렸는데, 사령관이 국방부 조사본부로 사건 이관을 요구한다는 것은 앞뒤가 맞지 않는다.

항명죄에서 '명령'이란 '정당한'이라는 조건이 붙어 있을 뿐 아니라 특정인에게 발하여지는 개별적, 구체적 명령을 말한다. 다시 말해 적극적 행위(작위적)든 소극적 행위(부작위적)든 어떤 행위를 요구하는 명확하고 구체적인 의사표시인 것이다.[3] 재판부는 김 사령관에게 이 부분을 집중적으로 캐물었다. 김 사령관은 모든 참모가 있을 때 두루 지시를 전달했다는 취지로 증언했으므로 명령이 명확하고 구체적이었는지 재판부가 의문을 가진 것 같았다.

또 재판부는 김 사령관과 박 단장의 관계에서 지시·보고가 어떤 식으로 이뤄지는지도 궁금해했다.

재판부 피고인이 평소 증인의 명령을 수명하지 않은 적이 있나요?

김계환 없습니다.

재판부 반대한 적은 없습니까?

김계환 사건사고와 관련 반대도 없었습니다.

재판부 수사 관련 부분은 수사단장의 의견을 존중했나요?

김계환 네. 해병대 수사단 창설은 1년 반 정도 됐고 사령관으로 저와 박 단장은 7개월 정도 접했습니다.

김 사령관이 박 단장에게 "멈춰!"라고 지시한 건 이첩 사실을

---

3 항명죄는 당해명령을 할 수 있는 직권을 가진 장교인 상관이 특정의 군법 피적용자(개인 또는 특정할 수 있는 다수)에 대해 군업무에 속하는 특정사항에 관하여 하명된 명백히 불법한 명령이라고 보여지지 않는 명령을 이르는 것이라고 판시(대법원 1967.3.21. 선고63오4판결 중). 이와 관련해 명령은 객관적으로 명백해야 하며, 상대방에게 하달되어 그가 이것이 명령임을 인식해야 한다.

보고했던 8월 2일 수요일 오전 10시 57분의 명령이 유일하다.[4]

다음의 쟁점은 이첩 보류 지시의 '정당성'을 따지는 것이다. 재판에서 "이첩 보류 지시를 내린 이유가 뭐냐"는 박 단장 측 변호인 물음에 김 사령관은 "국방부 장관의 지시 때문이었고, 장관이 이첩 보류 지시를 내리지 않았으면 저 자신도 정상적으로 이첩했을 것"이라고 증언했다. 국방부 장관이 순수하게 이첩을 보류하라고만 했으면 사령관도 고민할 이유가 없었다. "장관 지시가 없었다면 사령관 본인도 이첩했을 것"이라는 이야기는 장관 지시의 '정당성'에 동의한 것은 아니라는 뜻이라고 봐야 한다.

군검찰 1차 조사 때까지만 해도 김계환 사령관은 박 단장 편을 드는 것 같았다. 하지만 2차 조사부터의 이첩 보류 지시의 정당성에 대한 그의 태도와 입장은 모호하기 짝이 없다.

김정민 변호사 해병대 수사단 박세진 중수대장과의 통화 녹취록을 보면 "어차피 우리는 진실되게 했기 때문에 잘못된 것은 없어"라

---

[4] 2024년 3월 21일 열린 항명 사건 공판에 이윤세 해병대 공보정훈실장이 증인으로 출석했다. 재판부는 이윤세 증인에게도 "해병대 사령관의 지시가 보통 명확한 스타일입니까?"라고 물었다. 이 증인은 "지휘관마다 지시형이 있고 청유형이 있고, 조금씩 스타일이 다르다고 생각합니다. 다만 사령관의 어떤 언어 습관, 스타일을 알고 있는 사람들은 이해를 하는 부분도 있습니다. 저는 그런 지휘 스타일에 대해 이해하고 있다고 생각하고, 그 부분에 대해 옳고 그름이 아니라 그분의 스타일입니다. 부하들에게 부담을 주지 않으려고 강압적인 어떤 언어를 사용하지 않는 것일 뿐이지 지휘관의 의도나 지시는 명확히 있었다고 생각합니다"라고 말했다.

고 말한 사실이 있지요?

김계환 네 있습니다.

변호사 "잘못된 것은 없어"라는 말이 수사 결과 보고에 대한 평가인
가요. 아니면 사건 기록을 이첩하는 것이 잘못되지 않았다는 건가
요?

김계환 저는 이첩하기 이전까지는 해병대 수사단이 했던 모든 노력
이나, 열정을 갖고 했던 부분들에 대해서는 다 인정했습니다. 그런
데 수사단장이 항명죄라는 부분에 대해서 조사받고 있고, 보직 해
임을 당하고 있고 그렇기 때문에 그 부분을 위로 차원에서 동요를
막기 위해 그 말을 했던 부분입니다.

김 사령관의 증언은 직권남용 가능성을 더 높인다. 이종섭 장
관은 7월 30일 일요일 채 상병 사건 수사 결과를 보고받고 결재
했다. 그러나 그다음 날 결재를 뒤집고 경찰에 이첩하는 것을
보류하라고 김 사령관에게 지시했다. 이첩 보류 지시의 배경은
'이런 식으로 사단장을 처벌하면 누가 사단장을 하겠냐'는 대
통령의 격노에서 비롯됐다고 봐야 한다.

장관은 법무관리관 등 참모를 통해서도 사실상 임성근 해
병대 1사단장을 업무상과실치사 혐의자에서 제외하라는 취지
의 지시를 내렸다. 심지어 군사보좌관은 "지휘 책임 관련 인원
은 징계로 해달라"고 문자를 보냈다. 장관이 수사에 개입한 정
황 증거들이다.

군인은 상관의 정당한 명령에 당연히 복종해야 한다. 그렇

다고 법률에도 없는 장관의 위법적 지시를 수명하는 것은 다른 문제이다. 입법자가 해병대 사령관에게 지휘권을 부여한 것은 합법적 지휘를 하라는 것이지, 장관의 명령이면 무조건 따르라고 한 것이 아니다. 사령관과 장관 둘 다 '대통령의 격노'를 부인하고 있지만 이첩 보류 지시의 정당성을 훼손시킨 것은 사실이다

'이첩 보류 지시'의 허실이 드러나자, 국방부는 해병대 수사단에 수사권이 없으므로 이첩 보류 명령은 정당한 지휘권이라고 주장하기 시작했다. 채 상병 사망 사건은 군이 아닌 경찰에 수사권이 있는 사건이므로 해병대 수사단의 조사가 '수사 행위에 해당하지 않는다'는 논리이다. 이는 박진희 군사보좌관이 김계환 사령관에게 보낸 문자 내용과도 일치한다. "장관님은 '수사'라는 용어를 쓰지 말라고 하셨습니다. 수사권이 없기에 '수사'가 아닌 '조사'라고 하셨고, 조사본부로의 이첩은 하지 말라고 하셨습니다." 수사가 아니므로 지휘권을 얼마든지 행사할 수 있다는 궤변인 것이다.

해병대 수사단의 '조사'를 놓고, '조사인가, 수사인가'를 따진다는 자체가 옹색하기만 하다. 그렇다면 대통령과 국방부, 해병대 사령관은 채 상병 사망 사건 직후부터 사건을 무조건 경찰에 이첩시키라고 수사단에 지시했어야 옳다. 엄정하게 조사해 재발 방지를 하겠다고 대국민 약속을 한 이들이 대통령과 국방부 장관이다. 대통령 의견과 다른 결과가 나오자 뒤늦게 용어를 문제 삼아 사건을 뒤집으려 한다.

법조인들도 '조사'와 '수사'를 구분하는 것이 억지 논리라고 말한다. 설사 '조사'라고 해도 지휘관 마음대로 할 수 있는 것도 아니다. 범죄 혐의가 인지되기까지는 '조사'든 '수사'든 용어가 정밀하게 나눠지지도 않는다. 범죄 혐의가 있다고 인지된 이상 채 상병 사건은 전체를 하나의 수사 과정으로 보는 것이 합리적이다. 더욱이 '법원이 재판권을 가지는 군인 등의 범죄에 대한 수사절차 등에 관한 규정'이라는 대통령령 제목에서 알 수 있듯이 법령은 '수사절차 등에 관한 규정'이라고 명확히 정의하고 있다.[5] 수사권이 경찰에 있다는 것은 '종국적 수사권'을 말하는 것이지 해병대 수사단의 조사를 수사가 아니라고 하는 것이 아니다.

한편 항명죄에 대한 근본적인 의문도 제기된다. 항명죄는 군의 지휘권 확립을 위해 둔 제도이다. 작전이나 전시·사변 또는 그 밖의 경우를 나눠서 상관의 정당한 명령에 반항하거나 복종하지 않은 사람을 처벌한다. 항명죄의 존재 이유는 군사(軍事)로서의 기능이 중요하다. 그러니까 적어도 항명죄로 처벌하려면 군대의 작전이나 전시·사변 혹은 이에 준하는 군사와 관련된 기능을 침해했을 때 형벌이 가능하다고 보는 것이 옳다는 지적이다. 독일은 항명죄 처벌을 군사행정 전반이 아니라 군사

5 '법원이 재판권을 가지는 군인 등의 범죄에 대한 수사절차 등에 관한 규정'은 민간법원이 재판권을 가지는 군인 등의 범죄를 수사하기 위한 절차 및 방법과 상호협력 등에 관한 사항을 규정함으로써 수사절차의 투명성, 효율성을 보장하는 것을 목적으로 한다. 군내 범죄의 사건 이첩 등에 관한 규정이 기록돼 있다.

와 관련된 위험에 한해 적용하는 것을 원칙으로 삼고 있다.

1985년에 선고된 군사법원의 항명죄 판결은 "수명자에 대해 특정의 작위(의식적이고 적극적인 신체활동) 또는 부작위를 요구하는 상관의 의사표시로서 군사상의 필요에 의해 발해지는 '작전 또는 교육훈련 및 이와 직접적인 관련 있는 병력 통솔에 관한 사항'이 이에 해당한다 할 것이다"라고 했다. 또한 구체적인 상황과 그 명령의 군사적 필요성, 그리고 이를 거부했을 경우 군의 위계질서에 미치는 영향과 비교 형량하여 해당 여부를 결정해야 한다고 하고 있다.

박 단장의 항명 사건은 '군사상의 필요에 의해 발해지는 작전 또는 교육 훈련 및 이와 직접적인 관련 있는 병력 통솔에 관한 사항'과는 아무 관련이 없다. 이첩 보류 명령은 의무 복무 중에 사망한 해병 장병의 죽음에 대한 군의 관련성과 책임에 대해 사후 조사 하고 행정 처리를 하는 데 연관된 명령이다. 더욱이 법 절차에 따라 엄격하게 사건을 이첩한 박 단장은 보직 해임, 병과장 해임 및 징계처분까지 받은 상황이다. 항명죄까지 동원해야 할 군사상 필요가 무엇인지 이해하기 어렵다.

김계환 증인은 "순직한 채 상병의 명복을 빌며 유가족 아픔에 사과하고 부하의 항명죄 재판에서 증인으로 서 있는 것이 참담하다. 그러나 박 단장 본인이 책임지겠다고 한 모습이, 지금의 해병대 모습이 어떤 모습인지 잘 따져보기 바란다"고 훈계성 소회를 밝혔다. 김 사령관은 해병대 수사단은 최선을 다했고 수사도 잘했지만, 내 명령을 어겨 용서할 수 없다고 한다.

그리고 채 상병의 명복은 빌지만, 박 단장은 영웅심리로 해병 대를 흔들었다고 주장한다. 편의적이고 자의적인 잣대들이다.

장병 없는 군대는 상상하기 어렵다. 저출생 시대에는 더더욱 그렇다. 아직도 우리 군 지휘관들이 군의 위계만을 중요하게 생각하지 않는가 생각되었다. 지휘관에게 '장병'이란 무엇인가. 장병은 '동료 전우'인가, 아니면 '입신양명의 도구'인가.

3

박정훈과 김계환

채 상병 사건을 취재하면서 해병대의 두 주역인 박정훈 수사단 장과 김계환 해병대 사령관은 어떤 인물들인지 관심을 갖게 되었다. 계급은 하늘과 땅 차이만큼 컸지만 한때는 단짝이었던 두 사람은 어떤 차이가 있어 다른 길을 가게 됐을까.

김계환 사령관을 직접 마주한 적은 없다. 재판에 증인으로 출석했을 때 몇 발치 떨어져 지켜봤고, 해병대 행사에서도 그랬다. 작은 키에 땅딸막하지만 다부진 체격을 가졌다. 김 사령관은 군검찰에서 1차 조사를 받던 8월 2일이나 해병대 수사단에 대한 압수수색이 실시되던 그다음 날까지는 박 단장에게 미안한 마음을 갖고 있었으리라 생각된다. 그는 군검찰 1차 조사에서 "박 대령이 내 지시를 어긴 것은 명확하지만 이것을 단순한 사실로 볼 것이 아니라, 다른 사정들이 혼재해 있다는 점이 고려돼야 합니다"라고 진술했다.

장관의 이첩 보류 지시가 떨어진 7월 31일 월요일 낮 12시경부터 박 단장이 수사 기록을 경찰에 이첩시킨 8월 2일 수요일 오전 10시까지 46시간 동안, 김 사령관은 우유부단한 '햄릿형

인간'이었다. 그는 박정훈 단장의 이야기를 들으면 그에게 기울었고, 유재은 법무관리관의 조언을 들으면 그 말에 귀를 기울이기도 했다. 이러지도 저러지도 못하는 형국이었다. 본인은 이첩 보류 명령을 두 번 내렸다고 하지만 사실 그것이 명령이었는지 아닌지 분간하기 어렵다. 그가 "정훈아, 멈춰!"라고 명확하게 전화로 지시했을 때, 박 단장은 오죽하면 '아이고, 또 변덕이 나셨네, 변덕이'라고 속으로 생각했을까.

생각이 많으니 머릿속도 복잡했을 것이다. 박 단장이 자신의 지시를 어겼지만 거기엔 다른 사정도 혼재돼 있다는 말은 장관 지시의 정당성을 사령관 본인도 흔쾌하게 받아들이지 못한 상태라는 얘기가 된다. 정당한 지시가 아니라도 상관인 장관의 지시를 어긴다는 것은 쉽지 않았다. 박 단장은 46시간 동안 사령관과 붙어살다시피 했다. "사령관님! 해병대는 정직해야 합니다. 그래야 해병대가 삽니다"라고 여러 번 건의했다. 해병대 안팎에서는 김 사령관의 결정장애에 가까운 우유부단함이 해병대 초유의 항명 사건을 잉태시킨 원인이라는 지적이 많다.[6]

---

6 2024년 3월 21일 박정훈 대령에 대한 항명죄 3차 공판이 열렸다. 이윤세 해병대 공보정훈실장이 증인으로 출석했다. 박 단장 측 변호인이 그에게 물었다. "마지막으로 이번 사건과 관련해 현역이든 예비역이든 사령관이 정확하게 결단해주고 정리해주지 않고 우유부단한 스타일 때문에 문제가 발생했다고 말씀하신 적이 있습니까?" 이에 대해 이윤세 증인은 이렇게 말했다. "지휘 스타일을 평가하는 것은 곤란합니다. (…) 지휘 스타일에 대해서는 개별적으로 드린 바는 있으나, 정확하게 저렇게 얘기하지 않았습니다."

이토록 우유부단했던 김 사령관은 8월 9일, 군검찰의 2차 조사부터 180도 바뀌었다. 항명은 박 단장의 독단적 행동이 화근이라고 규정했다. 대통령 격노를 들어본 적도, 박 단장에게 전달한 적도 없다고 부인했다. "너 때문에 많은 사람이 살게 되었구나"라고 고마움을 표시했던 김 사령관은 더 이상 결정장애를 보이지 않는 명확한 입장의 군인이 되었다.

김 사령관도 박 단장을 좋아했지만 박 단장도 그를 존경했다. 그러나 시간이 지날수록 김 사령관에 대한 박 단장의 원망은 커졌다. 군검찰과 사건 당사자들의 설득과 회유를 받았는지 알 수 없다. 그는 대한민국 해병대의 사령관이다. 해병대와 자신을 지키기 위해 장관과 대통령 편에서 함께 가는 것이 이득이라고 판단했을 수 있다.

그렇다고 마음이 편치는 않을 것 같다. 2024년 2월 1일 항명 사건 재판에서 증인 김계환은 소회를 밝혔다. "해병대 사령관으로 부하의 항명죄를 증언하는 자리에 서 있는 것에 대해 표현하기 힘든 참담한 심정입니다. 군인은 어떠한 경우에도 상관의 정당한 지시에 당연히 따라야 할 의무가 있고, 그 지시가 변경되었다면 변경된 지시에 따라야 하는 것이 가장 기본입니다. 자의적인 법 해석과 본인이 옳다고 믿는 편향적인 가치를 내세워 해병대를 살리고 본인이 책임지겠다고 했던 그 모습이, 지금 해병대의 모습이 과연 어떤지 되돌아봐주길 바랍니다. 나 아니면 안 된다는 착각과 영웅심리에 해병대를 결코 흔들어서는 안 될 것입니다."

4월 10일 22대 총선이 끝난 다음 날, 김 사령관의 지휘 서신이 공개됐다. 의도된 공개라고 생각한다. 4월 말에 예정된 중장급 인사를 앞두고 인사권자인 대통령에게 모종의 메시지를 전달하고 싶었던 것 같다. 편지 내용이 그렇다. "사령관으로서 말하지 못하는 고뇌만이 가득합니다. 하루하루 숨 쉬기도 벅차기만 합니다"라고 고통을 호소했다. 다른 한편으로 "바다는 제 아무리 굵은 소낙비가 와도 그 누가 돌을 던져도 큰 파문이 일지 않듯이 자신의 중심을 굳건하게 지켜나가라는 메시지입니다"라고 다짐을 적어놨다. 필자의 해석으로는 인사와 관련된 호소가 아닌가 생각했다. 김 사령관은 군 장성 인사에서 유임됐다.[7]

김 사령관과 박 단장 두 사람이 채 상병 사건을 바라보는 시각은 큰 차이를 보인다. 김 사령관은 군검찰 1차 조사를 받은 8월 2일 밤, 해병대 수사단 박세진 중수대장과 통화를 했다. 통화 말미에 중수대장은 "군검찰단에서 경북경찰청에서 이첩 기록을 무리하게 (회수)하고 있는 것 같습니다"라고 보고했다. 그는 "그건 우리가 관여할 게 아니잖아, 관여하지 마!"라고 지시했다. 사령관의 반응은 투명했다. 현실적인 정치군인의 자세이다. 장병의 죽음 앞에서 진상규명은 후순위였다.

박정훈 단장은 사령관에게 충성을 다하는 스타일이었다고

<hr>

7 국방부는 2024년 4월 25일 상반기 중장 이하 장성 인사를 단행했다. 김계환 해병대 사령관은 유임됐고 이에 따라 올 연말까지 임기 2년인 사령관직을 계속 수행할 것으로 예상된다. 신원식 국방부 장관은 "김 사령관의 남은 임기를 기다려주지 않는 건 경질을 의미하며, 그에게 불명예가 되기 때문에 적절하지 않다"고 말했다.

수사단 동료들은 입을 모았다. 사령관이 지시하면 지시하는 대로 사건을 다 가져올 만큼 충성심이 너무 강해서 오히려 문제였다는 불평을 들을 정도였다. 동료 부하들은 사령관이 지시를 내리면 다 받아오지 말고 거절도 좀 해보라며 농담 반 진담 반으로 건의했다고 한다.

그런 그가 채 상병 사건에선 뭔가 달랐다. 국방부 장관의 이첩 보류 지시를 협의하는 과정에서 사령관은 국방부 얘기를 듣자고 설득도 해보았지만 소용이 없었다고 한다. 그는 "사령관님 그렇게 하는 것은 직권남용에 해당할 수 있습니다"라고 진언했다. 그동안 사령관의 지시를 충성스럽게 이행하던 수사단장이 채 상병 사건에서만 유독 단호했던 이유는 무엇일까. 박단장 내면에 자리 잡은 '깊은 분노' 말고는 설명할 방법이 없다. 최면 조사에서 그는 채 상병 시신을 떠올리며 "반드시 책임자를 처벌하겠다"며 펑펑 울었다고 한다. 심리치료 전문가는 "채상병을 이제 마음속에서 떠나보내라"고 권유했다.

'정직'에 관해서라면 박 단장은 타협이 어려운 인물이다. 그는 "해병대라면 당연히 지시는 따라야 한다"고 강조했다. 그 의미에 대해 "사령관님이 이첩 보류에 대해 논의만 하셨고 명시적으로 지시를 안 하신 것인데 명령을 내리거나 지시를 하셨으면 당연히 그에 따라야 한다는 취지입니다. 불법적인 지시를 상관이 하면 지휘관께 안 된다고 건의를 할 것입니다. 불법적인 지시도 따라야 한다는 의미는 아니고, 그렇게 건의하는 것이 부하의 도리입니다"라고 설명했다.

군검찰의 마지막 진술에서는 "어쨌든 이 사건의 본질은 채 상병의 죽음에 대해 억울함이 남지 않도록 철저히 수사가 되어서 관련자들에 대해서는 지휘고하를 막론하고 엄정하게 처리가 되어야 하고, 그것이 제2의 채 상병 사고가 발생하지 않도록 하는 중요한 사명이라고 생각합니다. 이러한 부분들이 명명백백하게 정상적으로 잘 이뤄졌으면 좋겠습니다"라고 밝혔다.

박 단장은 동작이 크지 않은 군인이었다. 물론 본인은 엄청난 스트레스 속에서 치아가 빠지는 등 고통을 겪고 있지만 그럼에도 목소리가 높지 않았고 고요한 편이었다. 천상 군인이지 않나 싶다. 박 단장을 '영웅'이라 부를 수 없다. 그러나 그는 '참군인'의 자격을 갖춘 인물이다. 제자리에서 제 직무를 철저하게 인식하고 행동한 군인이었다. 현역 대령에게 항명죄는 얼마나 끔찍하고 불명예스러운 형벌인가? 역적이라는 말과 진배없는 일이다.

박정훈 단장은 2024년 2월 14일 국회에서 '민주주의자 김근태상'을 시상했다. 소감에서 그는 이렇게 밝혔다. "절대 후회하지 않습니다. 제 결정에 대해서, 저의 부하들이 일심단결해서 저를 지지하고 응원하는 것은 저를 봐서가 아니라, 우리들의 선택이 올발랐고 정의이고, 그것이 맞기 때문입니다. 앞으로 제가 걸어가야 될 길이 얼마인지는 가늠하기 힘듭니다. 또 그 과정에서 어떤 시련과 어려움이 있을지라도 사실 두렵기도 합니다. 그러나 제 가족과 제 부하와 수많은 국민들이 저를 지지하고 응원하고 있기에 저는 결코 멈추지도, 좌절하지도 않을 겁니다."

김계환 사령관을 의도적으로 비난하고 싶지 않다. 그는 아주 현실적인 군인의 전형이라고 할 수 있다. 한때나마 부하들의 피해를 최소화하고 싶은 동정심도 가진 인물이었을지도 모르겠지만 결국 대통령과 국방부 장관의 불법적인 지시를 묵인하며 그들에게 투항했다. 김 사령관은 양심이 괴로워 한날한시도 잠을 편히 이루지 못할 것이다. 권력을 앞에 두고 그 모두에게 인심을 얻고자 한 것은 그의 명백한 한계였다.

4

해병대 사령관의
수첩 미스터리

김계환 사령관은 햄릿처럼 우유부단한 것 같았지만, 해병대 최고 지휘관으로서 꼼꼼하고 철저한 현실주의적 측면도 보여줬다. 군검찰의 조사가 이뤄진 8월 9일, 이 사건에서 외압의 한 증거로 볼 수 있는 의미 있는 기록이 제시된다. 사령관이 업무수첩에 적어놓은 메모였다. "혐의를 특정짓는 것은 옳지 않다. 맞지 않다. 심지어 우리가 혐의를 특정해서 경찰에 평가받을 필요가 없다"는 내용이었다. 이 기록은 김 사령관이 유재은 법무관리관과의 대화를 적어놓은 것이었다.

유 법무관리관은 박정훈 단장이 혐의자 및 혐의 사실 변경은 안 된다고 하니까 사령관에게 '혐의자를 특정하지 말라'고 조언했다고 주장해왔다. 그의 주장 요지는 "두 가지 방법이 있는데 특정해도 되고, 특정 안해도 되고, 나는 설명만 했을 뿐이었다"는 것이었다. 그런데 법무관리관의 주장과 다른 내용이 사령관 업무수첩에서 나왔다.

업무수첩엔 또 "모든 책임은 제가 지고 내일 이첩하면 아니

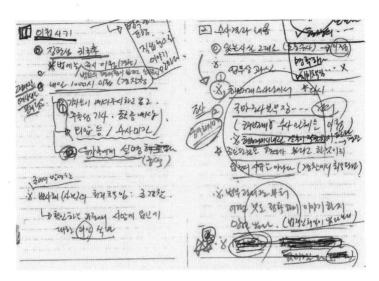

변호인이 군검찰에게 받은 수첩 흑백 사본
오른쪽 맨 아래에 뭔가 지운 흔적이 있다.

되는지요"라고 적혀 있다. 이 메모는 박 단장이 8월 1일 화요일
17시경 마지막 선택의 순간이 다가왔을 때 '그러면 제가 책임지
고 떠안겠다'고 말한 것을 적어놓은 것으로 보인다. 그런데 그
옆 장에 무언가 지워진 내용이 또 적혀 있다. 김 사령관이 군검
찰에 낸 두 장의 업무수첩에서 유일하게 지워진 내용이다. 지
워진 부분 옆에 두 개의 별표(☆☆)와 함께 당구장 표시(※)가
있다. 굉장히 중요하다는 뜻인데 그 뒤의 내용을 지웠다. 무슨
내용이고 왜 지웠는지 군검찰은 캐물은 흔적이 없다.

8월 1일 당시 박 단장이 '총대를 메겠다'고 얘기하자 김 사
령관은 '내가 옷 벗을 각오로 건의를 해도 돼. 건의를 한 번 해

볼까. 그런 방법도 있지'라는 말을 한 것으로 박 단장은 기억하고 있다. 변호인단은 지워진 내용이 무엇인지 궁금했다. 군검찰이 사본을 줬기 때문에 해독이 어려웠다. 붉은색 펜으로 쓴 것을 검은색으로 지웠다. 사람마다 판독이 조금씩 달랐지만 "장관님: 제가 책임지고 넘기겠습니다. (내일)"이라고 읽혔다.

재판에서 박 단장 측 변호인은 지워진 업무수첩 내용을 확인하려고 김계환 증인을 상대로 신문했다. 무슨 내용을 지운 것이냐는 물음에 증인은 "업무수첩이 공수처에 압수돼서 수첩을 봐야 알지 지금은 모르겠다"고 대답했다. 김 사령관에게 여러 번 물었지만 대답이 나오지 않자 변호인은 군검찰이 확인해 줄 것을 재판장에게 요구했다. 군검찰은 변호인이 해석한대로 "장관님: 제가 책임지고 넘기겠습니다. (내일)"이 맞다고 확인했다. 군검찰이 확인하자 증인도 "맞다"고 인정했다.

변호인은 "장관님"으로 시작한 점을 비춰볼 때 사령관이 장관에게 직접 보고하겠다는 내용을 업무수첩에 기록으로 남겨둔 것 아니냐고 물었다. 박 단장 입장에서는 아주 중요한 증거 기록이다. 사령관이 직접 장관에게 내일 이첩을 하겠다고 보고한다는 내용을 적어놓았으면 박 단장에 대한 이첩 보류 명령은 존재할 수 없다. 군검찰의 항명 혐의가 일거에 무너진다.

그러나 김계환 증인은 그 의미에 대해 모호한 태도를 나타냈다. 박 단장을 처벌해달라고 했는데 이제 와서 인정할 수 없는 노릇이었을 것이다. 김계환 증인은 "궁색하지만 제가 생각한 것을 적은 것도 있고, 수사단장 말을 적어놓은 것도 있어 어떤 의미로 그 말을 적었는지 기억나지 않습니다. 제 생각인지 다른 사람 생각인지 기억나지 않습니다"라고 대답했다.

김 사령관은 의도했든 안 했든 외압의 증거들을 수첩 곳곳에 남겨놓았다. 군검찰 조사를 마치고 중수대장과의 통화에서 말했던 대목을 떠올리게 한다. "너희들, 법무관리관과의 통화다 자료 가지고 있지. 내가 봤을 때 진정으로 공정하고 원칙대로 이렇게 다 했으니까 기다려보자."

김 사령관은 종종 갈지자 행보를 했다. 현실적인 정치군인의 특색이라고 이해할 수 있겠지만 그의 심경은 대단히 복잡했을 것이다. 결정적으로 그가 박 단장을 포기한 근본적 이유가 있을 것 같다. 한 예비역 해병대 장교는 이런 말을 전했다.

김 사령관이 원래 해병대 장군 가운데 인품이 좋은 사람이라고 내부에서 평가를 받았습니다. 임성근 1사단장은 '과시형'이라는 평판을 들었지만요. 사령관은 그와 달랐습니다. 안보실과 국방부로부터 통첩을 계속 받는 와중에 사령관은 조직의 안정을 택했을 가능성이 있다고 생각합니다. 박근혜 정부에서 해경 해체를 한다고 하지 않습니까? 군내에서도 해병대 해체에 대한 논의가 완전히 사라진 것이 아니거든요.

사령관이 해병대 해체 위기까지 감지하고 다른 길을 선택했는지는 알 수 없다. 해병대 해체론은 너무 나간 것이라는 생각이 든다. 그것이 아니면 권력에 순응하는 현실적 이해득실이었을

것이다. 그러나 그 말을 듣는 순간, "해병대 너희들은 왜 말을
안 듣는 것이냐"는 꾸지람 문자가 떠올랐다.

5

대통령은 왜?

"대통령 격노는 박정훈 단장이 만들어낸 망상이다." 군검찰은 2023년 8월 31일, 박 단장에 대한 항명 혐의 구속영장청구서에서 선언했다. 사건 당사자들은 '대통령의 격노'에 대해 모두 부인한다. 이종섭 국방부 장관도, 김계환 해병대 사령관도 그런 사실이 없다고 한다. 대통령과 대통령실은 두말할 것도 없다. 그럼에도 불구하고 국민들은 대통령 격노가 항명 사건을 초래한 직접 원인이라고 생각한다. 대통령 격노는 '설'에 불과한가? 아니면 사실인가?

이 질문은 이종섭 국방부 장관의 '호주런(run)'에서 그 의미를 상실했다. 이종섭 장관의 호주 대사 임명은 국민들의 공분을 샀다. 장관이 입을 열지 못하도록 해외로 도피시키는 것으로 보였기 때문이다. 이제는 '격노가 사실이냐'의 차원을 넘어선 분노가 들끓는다. 'VIP의 격노'는 더 이상 궁금하지 않다. 당사자들이 부인하든 말든 상관없다. 더 궁금한 것은 그다음의 질문이다. "설사 격노를 하셨더라도 대통령님! 왜 현역 대령을 집단항명수괴로 처벌하고, 국방부 장관을 호주 대사로 멀리 보내셔야 했습니까?”

향후 정국에 엄청난 파장을 불러올 수 있는 채 상병 사건의 근본적 질문이다. 그 답을 공수처와 특검이 밝혀내야 할 의무가 있다. 대통령의 격노를 부인하고 있는 현 단계에서는 그 이유를 여러 증거와 정황을 근거로 추정할 수밖에 없다. 먼저 윤 대통령이 본인의 생각과 수사 결과가 달랐다는 단순히 이유로 격노했을 개연성이다. 이를 ‘단순 격노’라고 부르자. 대통령은 검사 출신이다. 범죄 수사에서 일가견을 가진 인물이라는 건 언급할 가치가 없다. 윤 대통령처럼 원 없이 수사해본 대한민국 검사는 전무후무하다. 그러나 그의 독선적 성격 또한 유명하다.

윤 대통령은 “이런 식으로 사단장을 처벌하면 누가 대한민국에서 사단장을 하느냐”고 호통을 쳤다고 한다. 이태원 참사 때 행정안전부 장관과 경찰청장에 대한 책임론이 거세게 제기됐지만, 대통령은 꿈쩍하지 않았다. 그는 참사 책임론에 대해 “책임이라고 하는 것은 있는 사람한테 딱딱 물어야 하는 것이지, 그냥 막연하게 다 책임져라, 그것은 현대사회에서 있을 수 없는 이야기”라고 받아쳤다. 윤 대통령의 통치 스타일은 ‘2023년 세계 잼버리 사태’와 ‘충북 오송 수해 참사’에서도 일관되게 적용됐다. 처벌된 사람을 기억하기 어렵다.

대통령은 역대 대통령 가운데 가장 권위적이고 위압적인 인물로 꼽힌다. 대통령의 격노는 이 정부에서 가장 흔하게 등장하는 언어이다. 대통령이 화를 많이 낸다는 사실을 의심하는 국민들은 많지 않다. 강하고 센 어휘를 구사하는 대통령의 언어 습관도 큰 몫을 했다. 대통령의 격노와 위압적인 몸짓에 위축된 참모들의 이야기는 낯설지 않다. '59분 대통령'이라 하지 않는가. 총선 패배로 새로 임명된 홍철호 수석은 "입틀막(입을 틀어막는 행위) 등 과잉 경호가 개선될 필요가 있다"고 말했는데, 대통령의 권위적 모습을 설명해주는 한 예라고 해야겠다.

하지만 대통령이 수사 결과가 맘에 들지 않는다는 이유만으로 화를 냈다고 추정하기엔 한계가 있다. 대통령이 쾅쾅쾅 책상을 두드리며 역정을 낼 수 있다. 그러나 이 정도의 단순 격노만으로 이해하기엔 불행히도 채 상병 사건은 너무 거대한 일이 되었다. 납득할 수 있는 더 큰 이유가 있어야 한다. 7월 31일 월요일 용산 안보실에서 윤 대통령의 심기를 거스를 수 있는 드러나지 않은 하나의 사안이 있다. 이것이 사실이라면 대통령은 국방부 장관에 대해 매우 실망하며 화를 참을 수 없었을 것이다.

채 상병 사건 수사 결과는 해병대가 국방부 장관에게 원래 직접 보고할 사안이 아니다. 국민적 관심이 높은 사안이었지만, 장관 보고를 한 주된 이유는 해병대 1사단장 인사 문제 때문이었다. 박정훈 단장은 이런 얘기를 했다. "제가 수사 결과를 보고할 의무는 없었고 전례도 없었는데, 사단장 후속 인사가 연관돼 있다 보니까 제가 사령관님을 따라가 보고하게 된 것이고, 사실 그날 보고의 메인 주제는 1사단장 인사 문제였습니다."

임성근 1사단장을 경찰에 혐의자로 특정해 넘기기로 한 만큼 새 사단장에 대한 후속 인사가 중요했다. 해병대 1사단은 해병대의 핵심부대로 사단장 자리는 하루라도 공석으로 남겨둘 수 없었다.

사단장 인사는 해군참모총장의 권한이고 국방부 장군인사과와 협의하도록 돼 있다. 사단장 임명권은 참모총장에게 있다고는 하나, 국군통수권자인 대통령에게 보고할 중요 사안이라는 것은 상식일 것이다. 더욱이 임성근 1사단장은 2022년 태풍 힌남노로 포항에서 물난리가 났을 때 구조 활동에 상륙장갑차를 투입해 대통령에게 칭찬을 받은 인물이었다. 이종섭 장관이 대통령에게 임 사단장의 교체 사실을 언제 어떤 통로를 통해 보고했는지 알려진 사실이 없다. 대통령이 7월 31일 당일에서야 이 사실을 보고받았다면 틀림없이 화났을 법하다.

방첩부대와 기무사 출신 인사들에 따르면, 사단장 교체는 대통령의 재가 사안은 아니지만 군 통수권자에게 보고해야 할 중요 사안인 것은 당연하다고 말한다. 한 인사는 "사단장도 급이 다르다. 실병력을 움직이는 사단장은 절대적으로 대통령의 권한이다. 인사권이 참모총장에게 있다는 규정 문제가 아니다. 해병대 1사단장은 핵심 병력을 가진 지휘관이다. 마음대로 자기들끼리 대통령의 허락도 안 받고 보직 해임한다는 것은 말이 되지 않는 얘기다"라고 전했다.

이게 사실이면 이종섭 장관과 김계환 사령관의 정무 감각은 빵점이다. 아무리 다음 날 해외 순방 일정이 있더라도 채 상병 사건은 국민적 관심이 크고, 후속 사단장 인사도 대통령이 보고를 거부하지 않는 한 직접 대면 보고해야 할 사안이다. 만약 이 장관이 임 사단장의 보직 해임과 후임 사단장 인사를 대통령에게 정상 보고 하지 않았다면 국군통수권자인 대통령을 무시한 것일 수 있다.

사령관에게서 대통령의 격노를 전해 들은 박 단장은 이첩 보류 지시로 고민하는 2박 3일 동안 "대통령이 왜 그러실까에 대해 고민을 많이 했다"고 말했다. 대통령에게 보고가 제대로 이뤄지지 않아 무언가 '오해'가 생겼을 가능성이 있다고 본 것이다. 앞에서 설명했지만 이 장관이 김 사령관이 건의한 조사본부로의 사건 이첩을 거부한 직후, 박 단장은 김 사령관에게 "장관은 해외에 계시고 하니 용산에 직접 사령관님이 다녀오시는 게 어떻겠냐"고 여쭈었다. "직접 용산에 가서 안보실장을 만나든지 대통령님을 면담하고 최종 재가를 받았으면 좋겠다"고 조언했다는 것이다.

그러나 단순 격노도 한계가 있다. 대통령이 장관과 해병대 사령부의 판단이 마음에 안 들어 화가 치밀 수 있지만, 그렇다고 군 작전에 관한 것도 아니고 전시도 아닌 상황에서 제복 입은 대령을 집단항명의 수괴로 입건하고, 공수처 수사에서 출국금지까지 당한 이종섭 장관을 해외 공관장으로 내보내야 했을까. 또 이첩된 수사 기록을 영장도 없이 경찰에서 강제로 뺏어오다시피 강제로 회수해야 할 정도였을까. 또 사단장의 처벌 문제가 맘에 들지 않는다고 해도 경찰과 검찰 수사단계에서 제2, 제3의 처분 가능성이 있는데, 대한민국의 국가전략기동부대

이자 서북 도서 안보를 책임지는 해병대 조직을 우악스럽게 초토화하다시피 해야 했을까. 의문은 여전히 크다.

또 하나의 가설은 '구명 로비설'이다. 임성근 사단장이 억울함 때문에 구명 로비를 벌였고 그로 인해 이런 사달이 발생했다는 것이다. 소문은 무성하지만 구명 로비설의 실체는 아직 없다. 이 책에선 사실 위주로 맥락에 맞게 기록하기로 한 만큼 아직 실체가 없는 소문을 가지고 구명 로비설을 주장하는 것은 삼가는 것이 좋겠다고 생각한다. 공수처 수사가 더 진행되거나 특검법이 통과되면 이와 관련된 궁금증은 해소될 것이라고 기대한다.

에필로그

윤석열 대통령이 채 상병 특검법을 거부한 날, 한 방송사가 단독이라며 꺼림칙한 뉴스를 보도했다. 채 상병 사망 사건을 수사하는 경찰이 "수중 수색에 대한 임성근 1사단장의 직접 지시가 없었다"고 잠정 결론을 내렸다는 소식이다. 이 뉴스는 개운치 않은 뒷맛을 남긴다. '뉴스 제목을 왜 이렇게 뽑았을까' 하는 의구심이 든다.

지금까지 누구도 임 사단장이 수중 수색과 관련해 직접 지시를 했다고 주장한 일이 없다. 수중 수색 직접 지시 여부는 이 사건에서 쟁점이 아니었다. 해병대 수사단은 초동수사에서 "임 사단장이 수중 수색 지시를 직접 하지 않았지만, 현지 작전 지도라든지, 원격화상회의 등을 통해 수중 수색을 하게끔 대대장들에게 실질적으로 압박을 가해 채 상병이 사망한 원인을 제공했다"고 잠정 판단했다.

채 상병 사건에서 윤석열 대통령은 의혹의 최정점에 있다. 윤 대통령은 본인의 격노에 대해 사실 관계를 명확히 해야 하지만 입을 닫고 있다. 대통령은 특히 국군통수권자로서 채 상병 사건이 왜 이 지경에 이르렀는지 국민에게 설명할 의무가 있다. 이런 와중에 터져 나온 단독 보도가 여러 해석을 낳게 한다. 경찰이 채 상병 사건 수사에서 임 사단장에 대해 면죄부를 주고 물타기를 하려는 것 아닌가 하는 강력한 의문이다.

채 상병의 비극과 항명 사건의 부조리극에서 진실과 정의가 반드시 승리할 것이라고 확신한 계기가 두 번 있었다. 한 번은 진실에 대한 박정훈 수사단장의 꺾이지 않는 의지를 확인했을 때였다. 그는 "해병대는 항상 정직해야 합니다"라고 사령관에게 수없이 건의하며 진실의 끈을 놓지 않았다.

박정훈 단장의 말을 어디까지 신뢰할 수 있냐는 것이 사건 초기 가장 큰 고민이었다. 박 단장의 사람 됨됨이를 헤아릴 수 있는 사람들을 찾아다녀야 했다. 그중 백미는 해병대 동기 모임에서 들은 얘기였다.

집단항명 사건이 막 터졌을 때 놀랐죠. 그런데 이 친구라면 좋은 쪽으로 충분히 그럴 수 있겠다는 생각이 들더라구요. 융통성 없는, 정말 원리원칙주의자라는 그런 이미지가 사관후보 신입 훈련 때부터 있었는데, 뉴스에 나오는 거예요, 정훈이가! 내가 이럴 줄 알았다. 정훈이니까…, 이런 생각을 했어요.

다른 에피소드는 법정에서였다. 김계환 사령관이 증인석에 앉았고 부하인 박 단장은 피고인석에 있었다. 증언을 끝내자 재판장이 "마지막으로 소감이 있으면 말해도 좋다"고 말했다. 김 사령관은 "해병대의 전통을 '나 아니면 안 된다'는 피고인의 착각과 영웅 심리로 흔들어선 안 된다"고 박 단장을 신랄하게 비판했다.

그 순간 그 말이 항명죄로 피고인석에 앉은 박 단장에게 얼마나 큰 상처가 될까 하는 염려가 들었다. 그러나 이어진 그의 말은 뜻밖이었다.

28년 군 생활을 하면서 사령관님과 총 세 차례 같이 근무했습니다. 부하를 위하고 해병대를 사랑하는 마음에 가슴 깊이 존경해왔고 항상 충성으로 보답했습니다. 오늘 참담한 이런 현장에 얼마나 고충이 심하실까 가슴이 너무 아픕니다. 비록 증언을 마치고 돌아가셨지만 사령관님한테 진심으로 수고하셨다는 말씀 전하고 싶습니다. 어떤 심정으로 그렇게 말씀하셨는지 정확하게 알 수 없지만 해병대의 상관과 부하, 전우, 이런 입장에서 참 가슴 아프게 생각합니다.

신원식 국방부 장관은 국회의원 시절 박 단장에게 "3류 정치인의 길을 걷지 말고 군인의 길로 돌아오라"고 말했다. 반면 해병대 사건 다큐멘터리를 찍고 있는 한 프리랜서 작가는 박 단장을 보고 '진국'이라고 말했다. 나는 박 단장이 천상 군인이라는 확신을 갖고 있다. 앞에서도 말했지만 필자는 박 단장은 '영웅'이 아니라고 생각한다. 그는 제자리에서 제 일을 양심에 따라 수행한 '참군인'일 뿐이다.

두 번째 계기는 이종섭 국방부 장관의 호주런 사태 때이다. 아직도 대통령이 왜 그렇게 극단적인 무리수를 둬야 했는지 이해할 수 없다. 이종섭 장관이 호주로 부임하기 위해 인천공항에 갔을 때 기자를 맞닥뜨리고 "왜 이렇게까지 해야 돼?"라고 물었다. 오히려 그 말을 대통령에게 그대로 되묻고 싶은 심정이다.

호주런 사건으로 '대통령의 격노가 사실이냐, 아니냐'는 철 지난 이야기가 됐다. 오히려 궁금한 건 그다음 질문들이다. 아무리 격노를 했다손 치더라도 해병대 군사경찰의 최고위직인 대령을 집단항명수괴로까지 몰아야 했던 이유가 대체 무엇이냐는 물음이다. 또 화를 내면 냈지 국군통수권자가 이렇게까지 해병대를 쑥대밭으로 만들어놓는 이유가 뭔지 듣고 싶다.

대통령은 자신의 의혹과 관련된 특검을 거부했다. 그러면서 현재 수사가 납득이 안 되면 스스로 특검을 발의하겠다고 주창한다. 역대 대통령 가운데 이런 이중적인 모습의 대통령은 처음 본다. 대통령이란 자리는 권한상 특검을 거부할 수는 있겠으나 기본적으로 수용해야 하는 자리다. 특검을 발의할 직무를 가진 자리는 더더욱 아니다. 무엇이 두렵기에 특검을 회피하는 건가. 양두구육(羊頭狗肉)이라고 해도 할 말이 없을 것이다. 권력을 이용한 눈속임은 잠깐이다.

채 상병 사건을 한마디로 정리하면 '진실과 격노의 대결'이라 할 수 있다. 권력자의 격노라고 다 나쁜 건 아니다. 격노 자체가 온전한 사실에 입각한 것이라면, 그 격노는 문제 해결에 도움을 줄 수 있다. 그러나 감정에 기반한 격노라면 매우 위험하다. 그런 격노는 대개 권력자의 입맛에 맞게 상황을 뒤틀어버린다. 그런 격노는 자신을 합리화시키고 거짓과 가장을 눈덩

이처럼 뭉치게 한다.

채 상병 사건의 해병대 수사 결과는 순조롭게 장관 결재를 받았다. 여기까지는 정상적인 과정이다. 하지만 이어지는 비정상적인 과정 속에서 공교롭게도 우유부단한 두 인물이 중심이 된다. 바로 이종섭 국방부 장관과 김계환 해병대 사령관이다. 두 핵심 지휘관들은 대통령실과 해병대 사이에서 결정장애에 가까울 정도로 우유부단함을 드러냈다. 이 장관은 경찰에 이첩된 수사 서류를 국방부 검찰단이 회수한 사실을 사후에 보고받았다고 실토했다. 김계환 사령관도 마찬가지다. 박 단장이 집단항명수괴로 입건된 사실을 알고도 "우리는 진실되게 했기 때문에 잘못된 건 없어"라고 되뇌었다. 전형적인 정치군인의 모습이다.

이 우유부단한 두 책임자 사이에서 진실과 격노가 요동치고 있다. 그들은 아직도 '격노'의 편에 서 있는 것 같다. 자신들의 피의사실에 유리한 내용만 흘리면서 격노의 편에서 눈치를 살피는 흔적이 역력하게 느껴진다. 해병대 수사단 중수대장은 "평생 후회할 것 같다"며 박 단장에게 사령관과의 전화 녹취록을 건네줬다. 격노의 편에 선 사령관은 그 안에 담긴, 그가 스스로 내뱉은 '진실' 앞에 부끄러울 것이다.

생존 장병 어머니의 절규가 머릿속에서 떠나지 않는다. "당신은 작전에 투입된 해병대원들을 전우로 생각했습니까, 아니면 그저 당신의 입신양명을 위한 도구로 생각했습니까?" 장병의 목숨을 물건처럼 여기는 권력자여! 귀가 있으면 열고, 눈이 있으면 보라.

이 책을 빌려 삼가 고 채수근 상병의 명복을 다시 한번 빈다. 7월 19일이면 채 상병 사망 1주기가 돌아온다. 장병의 죽음 앞에 하루속히 진상과 책임이 낱낱이 밝혀지기를 소망한다.